本书受到国家社科基金重大项目（17ZD056）的支持

多元化战略与企业债券融资研究

基于资源基础理论与有效市场理论的视角

程熙鎔　李智　于晓东・著

RESEARCH ON DIVERSIFICATION STRATEGIES AND CORPORATE BOND FINANCING

Based on Perspectives of Resource-Based Theory and Efficient Markets Theory

中国经济出版社
CHINA ECONOMIC PUBLISHING HOUSE
·北京·

图书在版编目（CIP）数据

多元化战略与企业债券融资研究：基于资源基础理论与有效市场理论的视角／程熙镕，李智，于晓东著.
—北京：中国经济出版社，2020.1
ISBN 978-7-5136-5980-2

Ⅰ.①多… Ⅱ.①程… ②李… ③于… Ⅲ.①企业融资—债券融资—研究 Ⅳ.①F275.1

中国版本图书馆 CIP 数据核字（2019）第 281102 号

责任编辑 丁 楠
责任印制 马小宾
封面设计 任燕飞

出版发行 中国经济出版社
印 刷 者 北京柏力行彩印有限公司
经 销 者 各地新华书店
开　　本 710mm×1000mm 1/16
印　　张 13.75
字　　数 183 千字
版　　次 2020 年 1 月第 1 版
印　　次 2020 年 1 月第 1 次
定　　价 58.00 元
广告经营许可证 京西工商广字第 8179 号

中国经济出版社 **网址** www.economyph.com **社址** 北京市东城区安定门外大街 58 号 **邮编** 100011

本版图书如存在印装质量问题，请与本社销售中心联系调换（联系电话：010-57512564）

前　言

改革开放以来，中国企业经历了快速发展和扩张，多数企业都采用了多元化经营的方式，将业务拓展到与主业相关或不相关的领域。多年来，进入中国企业前500强排行榜的基本都是多元化经营的企业。多元化战略不仅有助于企业分散特定行业的经营风险，为企业创造新的利润增长点，打破主营业务的僵局，还有助于企业充分利用盈余资金进入优势行业。当然多元化战略也会给企业带来主营业务不突出、资金链紧张、资源协调转换困难等风险。多元化战略对资金的需求是巨大的，必然要求企业为资金来源提供保障。随着企业债券融资市场的进一步发展，除股权融资外，通过债券进行融资也成为企业重要的直接融资方式，并且企业的债券融资成本会受到其多元化战略的影响。因此，本书的主要研究问题为，多元化战略对企业债券融资会产生哪些影响？将通过何种机制发挥作用？为了降低企业的债券融资成本，该如何确定最优的多元化战略水平？

在理论方面，企业多元化战略与债务融资属于两个不同的研究领域——战略与财务。由于研究背景、研究条件、模型方法等因素所限，对于多元化战略对债券融资的影响究竟是积极的还是消极的，以往学者存在较大争议，得出结论需要更多实证数据的检验。同时，企业多元化战略的实施依赖于内部稀缺和难以模仿的资源，而整合、转换和利用这些资源不可避免地会带来不确定性，并暴露多元化战略蕴含的信用风险。市场会将这些信息反映在债券的融资成本中，并传递给个人投资者和机构投资者。该过程的影响机理还需要深入地、系统性地探究。

基于上述研究目的，本书对核心变量进行了概念界定，将多元化战略解构为整体多元化战略水平、相关多元化战略水平和非相关多元化战略水平三个维度，将债券融资成本解构为信用利差和信用评级两个维度。在此基础上，本书回顾了多元化战略和债券融资领域的已有研究成果，基于资源基础理论和有效市场理论，对多元化战略、债券融资成本、违约风险和产权性质等领域的研究进行了梳理、总结与点评。笔者发现，已有文献存在以下几方面的问题：第一，从战略领域与财务融资领域相结合的视角出发去探索多元化战略和债券融资成本关系的研究较少，尤其是对债券融资成本的研究较少。降低融资成本是企业战略顺利实施的基础条件，融资成本过高不仅压缩了企业的利润空间，还可能给企业带来复杂的债权关系和股权关系，甚至威胁到企业的控制权。因此，企业战略与融资成本息息相关，战略的执行离不开较低融资成本的支持。第二，以往文献对于多元化战略和融资成本的研究视角较多局限于某一个研究领域，很少涉及战略领域和财务领域基础理论的交叉融合。鲜有研究系统思考如何将资源基础理论和有效市场理论结合起来，用这两个理论去解释多元化战略对企业债券融资成本的影响。当企业在利用资源和能力开展多元化战略、拓展相关或不相关领域的业务时，会面临资源和能力在整合、协调、利用过程中的各种问题，这关系到企业多元化战略能否成功实施，这些公开信息会给企业的债券价值和债务履约能力带来风险和不确定性。第三，以往研究对于多元化战略与企业融资成本之间的关系方向和关系复杂程度存在争议。对于企业多元化战略与融资成本之间关系的研究较少，对于二者之间究竟是线性关系还是非线性关系，是正向关系还是负向关系的结论也存在矛盾之处。

为了解决上述问题和矛盾之处，本书对研究模型进行了实证分析。在文献研究的基础上，本书说明了各个变量的测量方法，并通过 Wind 资讯金融数据库、国泰安数据库和中国债券信息网等渠道，收集了 2007—2016 年底已到期及尚未到期的非浮动利率城投债 4703 只，并根据相应的标准和条件进行了筛选，在此基础上收集了债券对应的样本企业 2006—2016 年的相关数据，最终得到了含有 522 家企业和 1016 个观测值的数据样本。

从实证检验的结果来看，笔者得出了以下四个主要结论：第一，企业的多元化战略与其债券融资成本之间存在U型关系，即多元化战略与债券信用利差之间存在U型关系，与债券信用评级之间存在倒U型关系，随着企业多元化战略水平的升高，企业债券融资成本先降后升。具体而言，企业的整体多元化战略水平和非相关多元化战略水平对债券融资成本有U型的影响关系，然而企业的相关多元化战略对债券融资成本的影响并不明显。第二，企业的多元化战略与其违约风险之间存在U型关系，即随着企业多元化战略水平的上升，企业违约风险先降后升，同时违约风险在多元化战略与债券融资成本中发挥了部分中介作用。然而，对于相关多元化战略而言，其与违约风险之间的关系以及违约风险在相关多元化战略和债券融资成本之间的中介关系在本书的验证中并不显著。第三，企业的产权性质对多元化战略和债券融资成本之间的关系发挥调节作用，对违约风险在多元化战略和债券融资成本之间发挥的中介作用也存在调节，即被调节的中介作用。具体来说，国有企业的多元化战略对债券融资成本的负面影响较小，而非国有企业的多元化战略则对其债券融资成本影响较大。第四，我国企业在多元化发展的道路上不必遵循欧美企业的轨迹，而是需要根据融资成本寻找到最优的多元化战略水平，即找到最低债券融资成本水平上的多元化战略拐点。对于我国企业而言，需要确定实现最低融资成本的多元化战略水平，而非一味盲目地实施多元化，其中拥有政府信用支持的国有企业在实施多元化战略时抗风险能力较强，而非国有企业的多元化经营风险较高，在考虑多元化战略对债券融资成本的影响时要具体企业具体分析。

本书的创新之处体现在以下四个方面：第一，从企业战略和财务领域相结合的角度研究了多元化战略与债券融资成本的内在联系、影响关系和影响机制。本书拓展了当前对债券融资成本局限于财务视角的研究思路，跳出财务体系这个框架本身，从影响债券融资成本的源头因素之一——企业战略上探究企业的风险承担、商业信用和债券兑现能力，以此来分析企业的融资成本，丰富了战略与财务领域相结合的研究文献。第二，重点关注多元化战略与债券融资之间的关系，在一定程度上弥补了以往研究多重视股权融资而忽视债券融资的不足。当前中国关于债券融资的理论发展滞后于实践，不能为企业债券融资活动提供充分的理论指导。因此，本书聚焦于企业债券融资领域的核心问题，即企业债券融资成本——信用利差和信用评级——的影响机制，探究多元化战略对于债券融资成本的作用，深化企业债券融资领域的理论研究。第三，发现企业多元化战略与债券融资成本之间的U型关系，有助于找到能够带来最低债券融资成本的多元化战略拐点。实施多元化战略既可能增加企业违约风险，也可能降低企业违约风险。为了解决这一悖论，本书构建“多元化战略—违约风险—债券融资成本”模型，发掘了多元化战略与债券融资成本之间的U型关系，将资源基础理论和有效市场理论分析相结合，发现对于发债企业来说，当其多元化战略达到适中水平时，债券融资成本能够维持在最低。第四，我国企业需要根据国情选择最合适的多元化战略水平，以尽可能降低债券融资成本，而不必复制欧美企业从“多元化”到“归核化”的发展轨迹。投资者对于中国企业的商业信用和违约风险的评估受到产权性质的影响。由于国有企业和非国有企业在商业信用、综合实力等方面与欧美企业差异较大，因此，在实行多元化战略时，中国企业需要找到最适合自身的多元化发展路线，不必对欧美企业盲目跟风和模仿。

本书也存在以下三点局限性，需要未来研究进行完善：第一，数据样本的局限性，本书建立的企业多元化特征和债券特征的数据库只包含了有限的指标，一些与制度条件相关的指标未包含在内。第二，变量测量的局限性，本书并未对违约风险的类型进行详细划分，而是统一用企业现金与债务比例的标准差表示。第三，研究方法的局限性，本书采用的研究方法无法探究不同多元化战略的组合在企业中发挥的作用。因此，未来研究可以尝试收集企业在更多年份的多元化战略、债券融资成本和违约风险信息，纳入更多的测量指标，形成更大的面板数据样本，来继续探索本书的研究主题；可以丰富本书的测量指标，将多元化战略的内涵、作用和影响指标更加具体化；可以探索多元化战略和不同类型融资成本之间更为复杂的关系。

本书在大纲设计、终稿完成至出版面世的过程中，感谢中国人民大学刘刚教授提供了宝贵的指导和建议，感谢中国经济出版社的编辑老师对本书的付出。

本书作者在写作过程中力求严谨和认真，由于自身水平有限，本书可能存在疏忽或错漏之处，恳请广大读者斧正。

目 录

图目录

表目录

第 1 章

绪　论

1.1 研究背景

1.1.1 实践背景

改革开放以来，中国企业经历了快速发展和扩张，多数企业都采用了多元化经营的方式，将业务拓展到与主业相关或不相关的领域。与其他国家相比，中国跨行业经营的企业数量更多，多元化经营的程度更高。① 多元化经营可以帮助企业实现诸多战略目标，包括培育新的利润增长点、满足多样化的市场需求、分散单一市场和特定领域的风险、共享资源并降低生产成本等。尤其是在当前传统行业日益式微、新兴行业逐渐崛起的时代，很多原先在传统产业中经营的企业开始在新兴领域布局。例如，格力电器在以空调产业为支柱的同时，不断开拓智能设备、新能源、精密模具等新兴产业的多元化发展格局。从当前中国企业的现实来看，多元化经营已经成为一种较为普遍的企业战略选择。

多元化战略虽然能够满足企业“做大做强”的发展目标，却必然导致企业有限的资源分散在多个业务领域内，尤其给企业的资金链造成了较大压力。例如，三九集团曾经将业务扩张到除药业以外的房地产、旅游、酒店、食品、金融、贸易等多个产业，其所耗用的资金急剧增多，造成了资金链上的缺口，陷入了无法偿还银行欠款的财务危机。由此可见，多元化

① Fan J. P. H., Huang J., Oberholzer-Gee F., et al. Diversification of Chinese companies: An international comparison [J]. Chinese Management Studies, 2008, 2 (1): 1-10.

战略对资金的需求巨大，要求企业为资金来源提供充分的保障。在选择融资方式时，对于企业而言，较为合理的顺序应该为内部融资—债券融资—股权融资。使用内部融资可以利用企业的盈余资金，避免由负债增加或股权稀释带来的风险；在企业自有资金无法满足融资需求时，使用债券融资可以避免股权稀释带来的控制权丧失风险，而且正常情况下债券融资成本低于股权融资成本；当债券融资可能给企业带来过高的负债比率和财务危机时，企业应该考虑股权融资。

然而，在我国证券市场上，当股票价格较高时，股权融资成本低于债券融资成本，而且较低的分红比例也使得股权融资成本进一步降低，因此大部分企业都倾向于股权融资，而非有利息回报约束的债券融资。因此，我国股票市场已经发展得颇具规模，但是，作为对比，债券融资市场却一直未充分发育，在降低社会融资成本、调整社会融资结构等方面还有很大的发展空间。因此，《党的十九大报告辅导读本》提出，要积极发展我国债券市场，扩大债券融资规模，增加债券市场品种，统一债券监管标准，有效满足不同企业的债券融资需求。① 尽管我国债券融资市场曾一度被大部分企业忽视，但是近几年来，我国债券市场在国家的大力推广下取得了较快的发展，债券数量和质量稳步增长。2018 年，中国累计发行各种债券总额达到 43.1 万亿元，余额达到 86.39 万亿元，同比增长 15.1%。作为一种便捷高效的融资方式，债券融资正逐渐成为我国企业纳入选择的资金筹集渠道，成为解决企业融资困难的途径之一。

企业在通过债券融资为多元化战略筹集资金时，多元化战略及其相关的公开信息会影响到企业的债券融资成本。原因在于，多元化战略既能够形成诸多战略优势，也会不可避免地带来风险和不确定性，这些信息会通过市场反映在债券融资成本中。例如，乐视网（300104）从网络视频起家，之后通过实行多元化战略，将自身业务战线拉长，构建了乐视体育、

① 《党的十九大报告辅导读本》编写组．党的十九大报告辅导读本［M］．北京：人民出版社，2017.

乐视影业、乐视汽车等企业体系，市场前景曾经非常乐观，其所发行的债券在投资者中一度非常受欢迎。然而，随后其自有资金无法满足粗放式地“烧钱”扩张，开始高度依赖外源融资。随着市场流动性收紧，乐视首当其冲，面临资金链断裂、拖欠供应商资金、破产清算的局面。多元化战略导致的危机令乐视在投资者的评估中失去了信用，一段时间后，乐视网的相关公开信息通过市场反映在其债券交易中，例如，2017年，乐视网发行的20亿元“小公募”公司债被深交所终止发行；同时，乐视网两支总额分别为10亿元和9.3亿元的债券15乐视01和15乐视02面临回售。由此可见，多元化战略及其相关的公开信息以较为复杂的方式影响了企业的债券融资。

从中国企业发展的现实情况可以看出，当前多元化战略为中国企业的普遍选择，并且随着债券融资市场的进一步发展，除股权融资外，债券融资也会成为企业重要的直接融资方式。企业的多元化战略对其债券融资的影响会逐渐凸显。这些现象都引发我们思考，多元化战略对企业债券融资会有哪些复杂影响？将通过何种机制发挥作用？为了降低企业债券融资的成本，该如何找到最优的多元化战略水平？除此之外，在中国企业热衷于通过多元化战略扩张版图时，西方企业却在实施去多元化战略，将资源集中在主营业务上。那么，中国企业是否应该跟随西方企业的脚步，效仿西方的去多元化战略？

1.1.2 理论背景

在理论方面，企业多元化战略与债券融资属于两个相互联系的研究领域——战略与财务。然而，当前文献中，对于企业战略与财务的跨领域研究较少，并且研究重点各有侧重。对于企业战略的研究常常着眼于企业依托的相关资源与能力，通过一系列决策与安排，发展、培养出核心竞争力和竞争优势。另外，对于企业财务的研究则更加关注企业的投资、融资、现金流和利润分配等财务活动，对于企业多元化战略对债券融资成本影响的研究较少。

对于企业的多元化战略，多数研究都从资源基础理论（Resource-Based Theory）出发去分析。① 企业之所以能够实施多元化战略，离不开其资源和能力的支持。资源是企业对无形资产与有形资产的占有情况，而能力是企业对无形资产与有形资产的使用情况。② 不同企业所拥有的资源和能力存在差异，这使得企业实行的多元化战略将带来不同的财务后果。③ 一方面，当资源能力和企业战略匹配得当时，多元化战略能够通过资源共享和能力扩散的方式提高企业的规模经济；④ 另一方面，当资源能力和企业战略匹配失当时，多元化战略也会导致管理者机会主义行为、内部协调失灵等多元化折价现象。⑤⑥ 因此，以往学者对于多元化战略对企业财务究竟存在积极还是消极的影响一直存在争议。

对于企业的多元化战略如何影响债券融资成本，则需要从有效市场理论（Efficient Markets Theory）的角度去解读。从企业宣布实施多元化战略开始，到企业在执行多元化战略的过程中，将资源和能力从某个领域转变到另一个领域时遭遇不确定性、转换壁垒、整合难度等，再到企业多元化战略面临失败或成功突破的局面，所有的公开信息都会通过债券市场传递给投资者，投资者在各自信息处理能力的基础上，判断债券价格是否符合自身的投资预期，是否会存在违约风险，调整对于债券的持有份额，再由

---

① Wan W. P., Hoskisson R. E., Short J. C., et al. Resource-based theory and corporate diversification accomplishments and opportunities [J]. Journal of Management, 2011, 37 (5): 1335-1368.

② 刘琼，邓亚中. 基于资源基础理论的企业多元化理论现状与展望 [J]. 云南财经大学学报，2015 (2): 82-89.

③ Penrose E. G. The theory of the growth of the firm [M]. New York, NY: Wiley, 1959.

④ Montgomery C. A., Corporate diversification [J]. The Journal of Economic Perspectives, 1994, 8 (3): 163-178.

⑤ Berger P., Ofek E., Yermack D. L. Managerial entrenchment and capital structure decisions [J]. Journal of Finance, 1997, 52 (4): 1411-1438.

⑥ 薛有志，周杰. 产品多元化、国际化与公司绩效——来自中国制造业上市公司的经验证据 [J]. 南开管理评论，2007, 10 (3): 77-86.

套利者消除债券市场上债券价值和价格偏离的部分。最终，经过一段周期的调整，企业多元化的公开信息会反映在市场上的债券价格中。然而，对于企业多元化战略通过有效市场影响债券价格（即企业债券融资成本）的具体机制和过程，以往研究却鲜有关注。

由于研究背景、研究条件、模型方法等因素所限，对于多元化战略对企业财务的影响究竟是积极的还是消极的，以往学者存在争议，需要更多实证数据的检验。同时，企业多元化战略的实施依赖于内部稀缺和难以模仿的资源，而整合、转换和利用这些资源不可避免地会带来不确定性，暴露多元化战略蕴含的信用风险。市场会将这些信息传递给个人投资者和机构投资者，最终反映在债券的融资成本中。该过程具体的影响机理还需要深入地、系统性地探究。

1.2 研究问题的确定

本书旨在研究企业多元化战略对其债券融资成本的影响，需要重点明确以下四个研究问题：

第一，债券融资成本是企业发行债券最关注的问题，但当前大多数相关研究从财务角度出发去探讨该问题，而忽略了财务绩效实质上是战略行为导致的结果，因此本书从多元化战略的角度进行探讨，对多元化战略与企业债券融资成本之间的关系进行检验，并按照整体多元化战略、相关多元化战略和非相关多元化战略这三个维度分别检验企业多元化战略对其债券融资成本的影响。

第二，在检验多元化战略与债券融资成本之间关系的基础上，深入到二者之间影响机制和作用路径的探讨，分析和刻画多元化战略对债券融资成本的影响过程。多元化战略是企业战略层面上的行为，债券融资成本则属于企业财务领域，二者之间究竟通过什么因素传递和联动起来，多元化战略的不同维度是否会导致影响过程的差异，是本书的研究重点。

第三，基于我国的特殊情境，国有企业和非国有企业在“政府信用背书”的影响下，可能引起投资者对企业违约风险和债券融资成本的差异化评估。在其他条件相同的情况下，在投资者和投资机构眼中，国有企业的违约风险和债券融资成本是否显著小于非国有企业？国有企业是否会因此获得债券融资上的便利和优势？基于此，本书将检验企业产权性质对其多元化战略和债券融资成本的关系产生的影响。

第四，从我国企业的实际情况来看，一些企业实行专业化经营战略，而更多企业进行着多元化战略拓展，而且很多专业化或多元化经营的企业都有着不错的业绩。那么，为何西方企业从 20 世纪 50 年代开始，先后经历多元化浪潮和去多元化趋势呢？为何在西方企业回归专业化战略的同时，中国企业仍然热衷于多元化战略呢？目前，中国基本没有成形的企业理论去说明这个现象，本书试图从多元化战略对企业债券融资成本的影响出发，分析我国企业是否应该实行多元化战略，以及应该维持何种水平的多元化战略。

1.3 研究方法

对于多元化战略与债券融资成本之间的关系，本书采用文献研究、理论归纳和统计分析三种方法，对所提出的问题进行探究。

1.3.1 文献研究法

本书采用文献研究法，基于资源基础理论和有效市场理论的视角，对多元化战略和债券融资领域内的相关研究成果进行梳理，重点关注多元化战略与债券融资成本、多元化战略与违约风险、多元化战略与产权性质、违约风险与债券融资成本、产权性质与债券融资成本等领域的文献。为了保证文献的权威性与可靠性，本书选择的文献包括国际管理学领域、国际资本成本与资本结构领域、战略管理领域的顶级期刊，国内管理学领域核心索引期刊，国内外管理学、战略管理和融资领域的著作。

1.3.2 理论归纳法

本书主要从三方面对企业多元化战略和债券融资领域的理论进行归纳：第一，总结多元化战略的理论基础——资源基础理论的现有研究成果，归纳资源基础理论视角下企业的整体多元化战略、相关多元化战略和非相关多元化战略决策；第二，总结债券融资成本的理论基础——有效市场理论的现有研究成果，归纳企业进行债券融资时由公开信息导致的价格调整过程；第三，从资源基础理论和有效市场理论出发，将二者相结合分析多元化战略对债券融资成本的影响机理和过程。

1.3.3 统计分析法

本书在数据收集和处理的基础上，利用回归分析的统计方法，对研究模型和研究假设进行定量分析。具体而言，本书首先通过描述性分析，对样本数据结构进行大致的把握，再通过相关分析检验各个变量之间的相关性，以及相关变量之间的关系是否适合进行回归分析，最后利用回归分析方法检验各个变量之间的影响关系、关系方向、关系强弱和影响机制。为了确保假设检验结论的稳健性，本书还通过变换变量测量的方法，对模型和假设进行稳健性检验。本书涉及中介效应、调节效应和被调节的中介效应等检验过程。

1.4 研究意义

本书聚焦于企业的战略行为与财务行为的结合点，探索企业多元化战略与债券融资之间的关系，具有较为重要的实践意义和理论意义。

1.4.1 实践意义

针对当前中国企业流行的多元化浪潮和逐渐发展的债券融资市场，本书具有以下重要的实践意义：

第一，为企业实行多元化战略可能导致的债券融资风险和信用违约提出警示。债券市场是资本市场的重要构成部分，企业可以通过发行债券的方式从资本市场获得投资者的资金支持。对于债券发行方来说，债券融资成本是企业关注的重中之重，融资成本以信用等级和信用利差的形式存在，代表着发债方对投资方的风险报酬。而影响债券风险的最根本原因不应局限于财务结果，更应该关注决定财务结果的企业战略行为。因此，本书提供了基于企业战略层面考察债券融资成本影响因素的新思路。对于投资方来说，目前发债企业与资金持有者之间信息不对称的问题普遍存在，债券的信用风险无法及时传递到市场的问题也时有发生，因此本书从多元化战略的视角出发，检验了债券信用评级制度的有效性，揭示了影响企业债券融资风险和成本的内在机制，为企业选择与债券融资成本相匹配的最优多元化战略水平提供借鉴。

第二，为投资者提供了当前债券市场体系不完备情况下的投资决策依据。与国外债券市场相比，我国的债券市场发展滞后，还未发展成为企业进行融资的主要手段。同样地，个人投资者和机构投资者对于债券融资市场的投资决策机制也尚未发展完备，除基于外部机构给予的债券信用评级和债券信用利差进行判断外，也需要从企业的经营战略层面寻找可依据的投资信号。这是因为，债券的信用评级和信用利差相对于企业战略而言具有滞后性，在发布信用评级和信用利差时信息可能已经不具前瞻性和参考性，因此，本书为个人投资者和机构投资者提供了可供参考的企业经营战略层面的投资决策依据。

第三，为不同产权类型的企业实行多元化战略时面临的债券融资差异化情境提供建议。由于我国的经济环境和发展历史与西方国家差异较大，因此产权性质对于我国企业来说是一个至关重要的影响因素，也是我国企业奉行多元化战略和西方企业出现去多元化趋势之间差异的原因之一。对于我国国有企业来说，政府的信用背书为企业的债券信用评级和信用利差提供了保障，债券投资者对于国有企业债券的安全感较强；而非国有企业往往是投资者眼中“高风险高收益”的存在，面临着债券融资门槛高、违约风险大、信用评级较低和信用利差较高的情况。针对产权性质不同的企业，本书也提供了这些企业在实行多元化战略时，可以设法降低债券融资成本的一些建议。

1.4.2 理论意义

本书具有以下重要的理论意义：

第一，尝试聚焦探讨多元化战略与债券融资之间的关系，弥补以往研究多重视股权融资而忽视债券融资的不足。作为一种逐渐兴起的重要融资方式，在政策支持和金融市场日益成熟发展的形势下，尽管近几年债券融资在实践层面实现了飞速发展，但当前研究还是更多集中在股权融资这种方式上，在债券融资的理论层面仍然有所欠缺。相较于股权融资，债券融资在财务上和管理上都具有相对优势，债券融资有利于企业享受节税利益，发挥了相当大的税盾作用，当纳税付息前的利润率高于利率时，债券融资实现了财富从债权人到股东的转移，发挥了有效的财务杠杆作用；从管理角度而言，债权融资不涉及所有权，不需要稀释原有股东股权或引入新股东，避免了一定的控制权问题。随着债券市场的不断发展，以及各项监管制度的不断完善，发行债券融资日益成为企业首选的融资方式。因此，需要更加深入地研究该问题，以促进债券融资理论层面的发展。

第二，试图从企业战略和财务领域结合的角度探索多元化战略与债券融资成本的内在联系和影响关系。当前大多数与债券融资相关的研究都聚焦于债券发行企业的财务特征，而忽略了企业战略对债券融资成本的影响。仅从财务这一单一角度出发研究债券融资存在片面性。这种片面性来源于财务状况的好坏尽管是一个很重要的影响因素，但却不能从根源上解释债券融资的问题。对于发债企业而言，债券融资不仅是一项财务决策，还是一项战略决策，已有的研究大多从财务层面探究债券融资，而没有关注到财务结果实质上是企业战略行为和经营活动带来的结果。财务状况是企业战略行为和经营活动在资金筹集、资金运用、经营成果等财务层面的综合反映，可以认为财务状况是战略行为的滞后反映。因此，从战略层面研究债券融资不仅是对已有相关领域的补充，更是债券融资领域的一种前瞻性视角。在企业的诸多战略行为中，多元化战略是我国上市公司普遍采用的重要经营策略，① 对企业的财务状况和风险承担能力产生作用，进而影响企业的债券融资成本。为了更深入地探究企业债券融资成本的影响因素和作用机制，需要从更深的战略层面探讨债券融资。因此，本书着眼于多元化战略对企业债券融资成本的影响，更全面地丰富企业战略和财务领域的融合研究。

第三，探索企业多元化战略和债券融资成本之间的非线性复杂关系。在多元化战略领域，大多数研究通过实证检验揭示了多元化战略对企业绩效、信用利差和企业风险带来的影响，但却得出了不一致的研究结论。这

---

① 张纯，高吟．多元化经营与企业经营业绩——基于代理问题的分析［J］．会计研究，2010（9）：73-77.

种相互矛盾的研究结论导致了债券融资成本的影响因素和机制的不确定性。从已有的理论研究来看，多元化战略与债券融资之间的复杂关系可能来源于二者之间存在“U”型关系或有重要的调节变量。因此，本书尝试基于“多元化战略—违约风险—债券融资”的逻辑，对多元化战略如何影响债券融资成本的机制进行剖析，对已有理论中存在的悖论提出可能的解释。

第四，尝试对中国企业的“多元化潮流”与西方企业的“去多元化趋势”提出理论解释。企业应该把重心放在主营业务上进行专业化经营，还是应该兼顾多个业务进行多元化运作，这是一个在实践中引起重大争议但还未完全解决的问题，研究者得出的不同结论存在矛盾之处。从西方企业的实践来看，自20世纪50年代以来，大量西方企业都在经营中采取了多元化战略，大肆并购与主营业务不相关的业务。然而，采取这种经营战略并取得成功的企业比较少。到了20世纪90年代，人们逐渐发现，过度和过快的多元化战略造成了主营业务资源分散、主营业务业绩不突出、非主营业务无法抢占市场份额等问题，对企业的商业信用造成了破坏，拖累了整体企业的业绩表现。我国企业是否会重复西方企业对多元化战略“先扬后抑”的态度？还是需要有意识地对多元化战略进行引导，以保持最优的多元化水平？对于上述问题，本书尝试从债券融资成本的角度进行了探索。

1.5 研究框架

基于上述研究目的，为了保证研究的系统性与有机性，本书梳理了初步的研究安排。

第1章为绪论。在该部分中，本书对企业多元化战略与债券融资关系的研究背景、主要研究问题、研究方法和研究意义进行了介绍，并提出了本书的主要研究框架。

第 2 章为概念界定与文献综述。在该部分中，本书对研究所涉及的核心变量进行了概念界定。本书涉及多个变量，包括多元化战略、债券融资成本、违约风险、产权性质等，为了避免概念模糊与混淆所造成的失误，需要在理论梳理和收集数据之前对研究变量进行清晰的界定。在界定了核心概念后，本书对核心概念相关的文献进行了回顾，包括多元化战略与债券融资成本的文献，以及多元化战略、产权性质与债券融资的文献，从资源基础理论和有效市场理论的视角梳理多元化战略对企业债券融资可能的影响机制和路径，并进行系统的总结。基于此，本书对已有研究进行评述，总结现有理论研究的脉络和前沿，发现现有理论研究的不足，为后续研究奠定理论基础。

第 3 章为研究假设与研究模型。在该部分中，本书从资源基础理论和有效市场理论的视角出发，分析不同类型和水平的多元化战略对企业债券融资成本的影响机制，并探索可能参与上述机制并发挥作用的影响因素。基于此，本书对所有变量、研究假设和影响机制进行总结，以构建本书的研究模型。

第 4 章为变量测量、数据来源和估计方法。在该部分中，本书对变量的测量方法、数据收集的来源和渠道等进行了说明，保证变量测量的清晰性和数据来源的可溯性。同时，对本书采用的统计估计方法，包括本书模型中所涉及的统计效应、应该遵循哪些检验步骤等进行了阐释。

第 5 章为假设检验与讨论。在该部分中，本书将针对研究模型和研究假设，运用回归分析方法，对多元化战略和企业债券融资成本之间的关系进行检验。在这部分中，本书主要检验多元化战略和债券融资成本之间的主效应、违约风险的中介效应、产权性质的调节效应、由产权性质调节的违约风险的中介效应等，并通过稳健性检验验证本书的研究结论。

第 6 章为结论与展望。在该部分中，本书将总结主要的研究结论和理论创新之处，提出对企业多元化战略、违约风险防范、债券融资管理等方面具有借鉴和参考价值的实践启示。同时，也会指出研究存在的不足之处，为未来的研究方向提供建议。

具体的研究框架如图 1-1 所示。

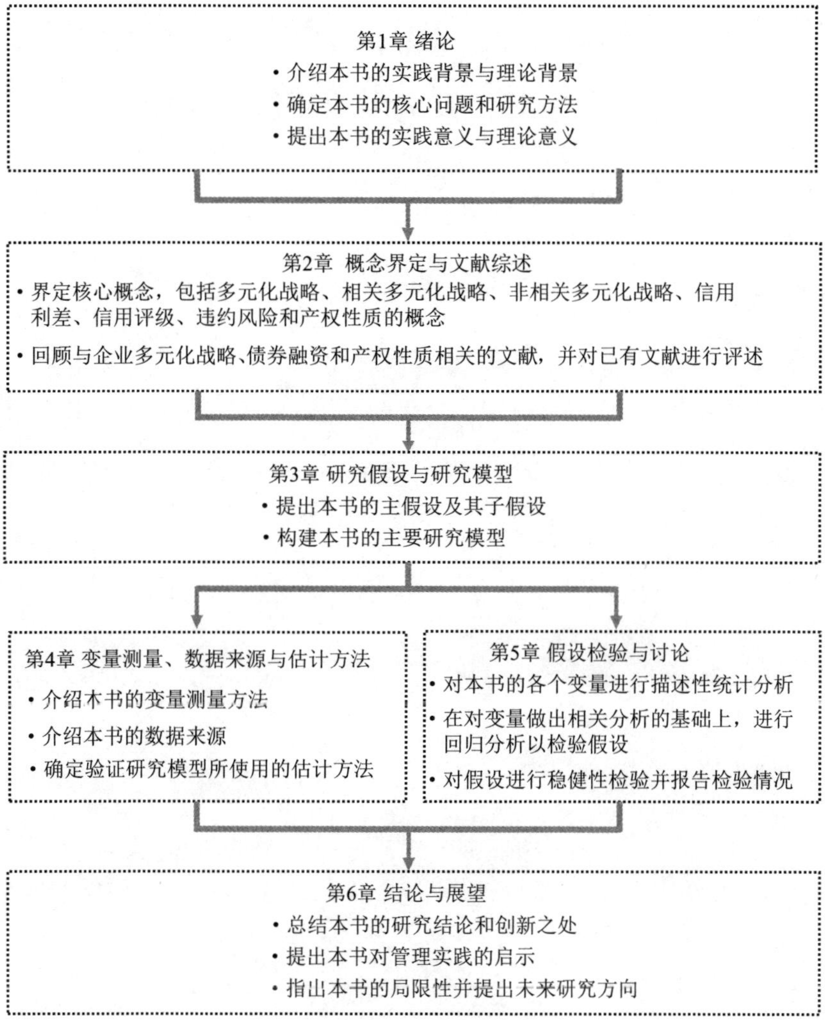

图 1-1　研究框架

资料来源：作者整理。

第 2 章

概念界定与文献综述

2.1 多元化战略

2.1.1 多元化战略相关概念界定

2.1.1.1 多元化战略

多元化（Diversification）是企业发展过程中实现扩张的一种重要战略选择。① 自20世纪50年代起，多元化战略一直是战略管理的研究热点。最早关注多元化的学者是战略管理大师伊戈尔·安索夫（H. Igor Ansoff），1958年时他在对企业战略的研究中提出，当企业发展到一定阶段时，可以通过多元化战略寻求进一步的成长和扩张。② 1965年，安索夫在其著作《企业战略》一书中提出了"产品—市场矩阵图"，并将多元化战略定义为"利用新产品开发新市场"，并提出了四种多元化战略类型，即水平多元化战略、垂直多元化战略、同心圆多元化战略和混合型多元化战略。③ 他主要是以企业经营产品种类的多少来界定多元化战略，并未考虑到多元化产品的其他内涵，如不同产品之间的相似度，因此，这个分类并不准确。

随后，艾迪斯·彭罗斯（Edith T. Penrose）在1959年出版了著作《企业成长理论》，提出企业多元化战略的内涵非常丰富，包括企业最终产

---

① Chandler A. D. Strategy and structure: Chapters in the history of industrial enterprise［M］. Cambridge, MA: MIT Press, 1962.

② Ansoff H. I. A model for diversification［J］. Management Science, 1958, 4 (4): 392-414.

③ Ansoff H. I. Corporate strategy: An analytic approach to business policy for growth and expansion［M］. New York, NY: McGraw-Hill, 1965.

品的增加、企业垂直一体化程度的提升，以及企业业务和市场领域的扩展等。其中，企业经营的业务领域的增加是多元化战略最重要的度量标准。这一界定弥补了安索夫对多元化战略定义的不足。但是，彭罗斯认为垂直一体化也是企业多元化战略的重要形式，这明显扩大了企业多元化的内涵。①

之后的学者从不同角度（例如企业所处市场的异质性、企业最终产品线的不同等）对多元化战略进行了定义，多元化的内涵和外延得到不断丰富。②③ 其中，理查德·罗曼尔特（Richard P. Rumelt）在 1974 年提出，并不存在一种普适的多元化战略的定义，不同研究者可以根据其研究目的来定义多元化战略（Diversification Strategy）。

以往研究从内容和方式等不同角度对多元化战略进行分类，不同的分类方式强调了不同的研究重点。除上文提到的安索夫的分类方式外，有研究从多元化战略的内容角度将其分为产品多元化、市场多元化、行业多元化、投资区域多元化、资本多元化等④⑤；还有研究认为，多元化战略的视角应从宏观层次具体到中观层次，包括企业内部的资金关系多样化、人才关系多样化、信用关系多样化等。

基于上述定义和本书的研究目的，笔者认为，多元化战略是企业从单一活动领域扩张到多个活动领域，以实现成长或进行扩张的一种重要方式。企业采取多元化战略的目的可以有两种：拓展现有业务领域或涉足新业务领域。也就是说，实质上，多元化战略可以分为两种形式：相关多元

① Penrose E. T. The theory of the growth of the firm [M]. Oxford, UK: Oxford University press, 1995.

② Gort M. The directions of diversification [J]. Nber Chapters, 1962, 79 (1): 148-150.

③ Chandler A. D. Strategy and structure: Chapters in the history of industrial enterprise [M]. Cambridge, MA: MIT Press, 1962.

④ Hitt M. A., Hoskisson R. E., Ireland R. D. A mid-range theory of the interactive effects of international and product diversification on innovation and performance [J]. Journal of Management, 1994, 20 (2): 297-326.

⑤ Luo Y. Product diversification in international joint ventures: Performance implications in an emerging market [J]. Strategic Management Journal, 2002, 23 (1): 1-20.

化战略和非相关多元化战略。在本书中，为简化起见，对多元化战略界定为：企业进入一个新的行业。本书以我国2017年6月发布的《国民经济行业分类》（GB/T 4754—2017）作为行业分类的参考依据。

从理论上说，企业采取多元化战略既有收益也有风险。主要收益为：①降低企业经营风险。由于有新的产品或市场同时在开发，单一产品或市场的失败给企业带来的威胁降低。②在企业主营业务发展受阻时找到新的业务增长点。③使企业能更容易地从资本市场中获得融资。④优化企业的资源配置，使企业"冗余资源"（例如盈余资金）发挥效用。多元化战略将多个业务单元整合到一家企业中，企业可以更有效地调度、利用资源，不仅可以提高资源的使用效率，而且能提高不同业务单元间的协作。⑤帮助企业获得资金或其他财务利益，如累计税项亏损等。

多元化战略在给企业带来收益的同时，也存在一定的风险，主要表现为：①主营业务风险。多元化战略可能使得企业过度投资到一些缺乏效益的业务中，削弱了对主营业务的投入。②市场整体风险。企业边界模糊，使得市场经济中不同企业之间的关联性增强，多元化战略会使企业资源分散投入而面临更大的市场风险。③产业进入风险。企业在发展到一定阶段后，在其原有业务领域内已经有所成就，通过多元化战略扩张到新的产业，则会面临更多的来自产业内企业的压力（例如"领头羊"企业）。④产业退出风险。企业在一个错误的投资项目上过多投入而深陷其中，很可能会因此全军覆没。⑤内部经营整合风险。新投资的业务领域对各种资源的需求不同，对整个公司的流程（例如财务流、物流、决策流、人事流）等也都会有影响，对企业的管理机制也有更高的要求。

2.1.1.2 相关多元化战略

相关多元化战略（Related Diversification Strategy）是指企业利用核心竞争力横向或纵向拓展现有的业务领域，即进入与现在业务领域在价值链上相互竞争又在战略价值上相互匹配的新业务。①② 企业主要通过两种形式来实施相关多元化战略：经营层面的行为共享和企业层面的核心竞争力传导。行为共享主要依靠物流、财务、培训等主要活动和采购等辅助活动实现；核心竞争力的传导则凭借企业内部的无形资源，如知识、经验、技术、企业文化等来达成。

相关多元化战略主要能为企业带来以下四方面的优势：第一，减少成本，可以将企业的资源、技术和能力从一个领域移植到另一个领域，或者多个领域共同使用，降低企业的运营总成本；第二，范围经济，与业务单元单一的企业相比，进行多元化经营的企业可以通过共享客户资源、品牌价值和现有技术等来更快地进入和立足新领域，获取更大收益；第三，协同效应，多元化战略能加强企业不同业务领域间的沟通和交流，以拓展价值链而非单一业务领域为目标，共同建立企业在行业中的竞争优势；第四，降低风险，可以将投资者的风险分散于更广大的业务基础上。

据统计，2014 年中国上市企业中约 80%的企业业务领域涉及产业政策扶持的行业。由此可以推测，产业政策对企业多元化战略的发展有很强的指引性，其中确立的未来重点发展行业是企业拓展多元化业务领域的重要方向。对企业来说，进入那些得到政府扶持的重点行业一方面可以分散风险，另一方面，更重要的是，此举满足了国家和政策需求，对企业成长大有裨益。③ 因此，产业政策是影响企业实施相关多元化战略的重要因素之一。

---

① Busija E. C., O' Neill H. M., Zeithaml C. P. Diversification strategy, entry mode, and performance: Evidence of choice and constraints [J]. Strategic Management Journal, 2015, 18 (4), 321-327.

② Gary M. S. Implementation strategy and performance outcomes in related diversification [J]. Strategic Management Journal, 2010, 26 (7): 643-664.

③ 兰卫国，张永安，杨丽. 企业多元化战略与目标行业选择研究 [J]. 软科学，2009 (4): 7-12.

2.1.1.3 非相关多元化战略

非相关多元化战略（Unrelated Diversification Strategy）是指企业进入与原有经营层面和公司层面并不相关的业务领域的战略。现有研究多将非相关多元化战略与相关多元化战略在多元化战略的概念中一同进行分析，实际上两者的影响因素及作用机制存在较大差异。[①] Hitt 和 Hoskisson（1992）研究发现，企业实施非相关多元化战略主要出于两方面考虑：[②] 一是分散经营风险，企业在其他领域的深耕可能可以补偿企业在某一业务领域的经营不善；业务领域之间相似程度越小，企业非相关多元化战略防范风险的效果就越好；[③] 二是争取跨市场补贴，企业进入不同的业务领域，将从一个市场上获得的利润以及无形资源（例如品牌）用于支撑其在其他业务领域上的发展，可以最大化企业资源的价值。

此外，贾良定等（2005）发现，外部因素也会影响企业的非相关多元化战略选择。一方面，产业政策可能引导企业选择非相关多元化战略，如企业会关注那些产业政策倾斜的行业（新能源、人工智能等新兴领域），[④] 这些行业未来有较高的预期收益率，使得企业在没有相关行业经验的情况下，也会争先进入该领域以分享政策红利。另一方面，政府干预也可能是企业进行非相关多元化经营的考虑因素之一，陈信元和黄俊（2007）发现，有政治关联的企业更会因为政府的引导选择进入产业政策支持的行业，从而提升了企业的非相关多元化战略水平。[⑤]

需要注意的是，本书所指的企业相关多元化战略和非相关多元化战略

---

① Ng D. W. A modern resource based approach to unrelated diversification［J］. Journal of Management Studies, 2007, 44（8）: 1481-1502.

② Hitt M. A, Hoskisson R. E. Cooperative versus competitive structures in related and unrelated diversified firms［J］. Organization Science, 1992, 3（4）: 501-521.

③ 芮明杰. 对企业多元化发展战略的再认识［J］. 中国工业经济, 1998（11）: 50-52.

④ 贾良定，张君君，钱海燕，等. 企业多元化的动机、时机和产业选择——西方理论和中国企业认识的异同研究［J］. 管理世界, 2005（8）: 94-104.

⑤ 陈信元，黄俊. 政府干预、多元化经营与公司业绩［J］. 管理世界, 2007（1）: 92-97.

表示企业在相关或不相关业务领域内的经营，而非企业对外界表现出的唯一战略倾向。换言之，在本书的界定中，企业可能同时涉足主导经营、相关多元化经营和非相关多元化经营的业务领域，因而主导业务战略、相关多元化战略和非相关多元化战略可以在企业中同时存在，企业并非只能在这三种经营状态和经营战略中选择唯一一种。

2.1.2 多元化战略的影响因素

对多元化战略的影响因素研究包括两个方面：第一，企业为什么要进行多元化？即企业实施多元化战略的动机研究；第二，企业多元化战略为何取得成功？即企业多元化战略成功的影响因素。本书也从这两个角度对企业多元化战略的影响因素进行回顾。

第一个问题企业为什么要进行多元化是战略领域的核心研究内容之一。在企业实施多元化战略的动机方面，研究者得出了很多研究结论。对于这些研究，如果按多元化战略实施主体的层级来划分，则包含企业和企业中的管理者两个方面；如果按照原因来划分，则包含节约成本、整合利用剩余资源、获取内外部协同效应、提高市场地位与竞争优势等因素。

从企业和管理者这两个研究对象来看，一方面，对于企业来说，多元化战略可以为企业赢得市场势力和竞争优势，原因在于企业的不同业务之间可以横向补贴和互惠交换，将无法出售的多余资源用于不同业务的拓展，能够更充分地利用企业的资源和能力。Gribbin（1976）认为，实施多元化战略的企业获得整体竞争优势的前提是，该企业的各种产品在相应的行业中都取得了竞争优势。① 而且，不同企业的特质和环境各不相同，所以对于每家企业来说，最优的多元化战略水平也存在显著差异。另一方面，对于企业管理者而言，除了为企业赢得市场势力和竞争优势外，他们选择多元化战略也有自身的利益考虑，主要包括以下原因：第一，建立商

① Gribbin J. D. The conglomerate merger［J］. Applied Economics，1976，8（1）：19-35.

业帝国。管理者通过实施多元化战略将企业的业务领域向纵深和水平拓展，使企业发展成为具有多个业务领域的大集团后，能够将自己的权力和地位推向更高的位置，为自己带来威望、声誉和经济利益。① 第二，管理者隧道效应。在能为企业带来价值的项目和能巩固管理者地位的项目之间，管理者大都会选择后者，从而放弃一些有价值的项目，对企业造成潜在的利益损失。Amihud 和 Lev（1981）、Shleifer 和 Vishny（1989）等认为，管理者通常利用多元化战略实现维护自身地位的目标，因为多元化战略可以降低企业的经营风险，提高管理者的业绩表现，尤其管理者可以选择需要其投入专有能力的项目，这更加能够巩固他们的权威和存在感。②③

从实行多元化战略的原因来看，Duncan（1972）认为，环境的不确定性和风险是企业实施多元化战略的最主要因素。④ Elizabeth 等（2009）通过新加坡上市企业的实证数据验证了环境因素对企业多元化战略和资本结构之间的影响非常重要。⑤ Donald（1987）的研究则更为细致，他们对财富 500 强中的 164 家企业进行了追踪研究，发现当环境的不确定性和风险增强时，企业多选择剥离业务；当环境的稳定性和利好增强时，企业多选择收购，即企业的多元化战略类型受到外部环境不确定性的影响。⑥ Wiersema 和 Bowen（2008）也对全球化这个外部环境趋势对企业多元化战

① Jensen M. C. Agency costs of free cash flow, corporate finance, and takeovers [J]. The American Economic Review, 1986, 76 (2): 323-329.

② Amihud Y., Lev B. Risk reduction as a managerial motive for conglomerate mergers [J]. The Bell Journal of Economics, 1981: 605-617.

③ Shleifer A., Vishny R. W. Management entrenchment: The case of manager-specific investments [J]. Journal of Financial Economics, 1989, 25 (1): 123-139.

④ Duncan R. B. Characteristics of organizational environments and perceived environmental uncertainty [J]. Administrative Science Quarterly, 1972 (17): 313-327.

⑤ Elizabth L. N., Shobha S. D., Amit D. Diversification strategy, capital structural, and the Asian financial crisis (1997-1998): Evidence from Singapore firms [J]. Strategic Management Journal, 2009, 30 (6): 577-594.

⑥ Bergh D. D., Lawless M. W. Portfolio restructuring and limits to hierarchical governance: The effects of environmental uncertainty and diversification strategy [J]. Organization Science, 1998, 9 (1): 87-102.

略的影响进行了实证检验。① 上述研究的结论表明，规避外部环境不确定性和风险是企业实施多元化战略的主要原因。

第二个问题对于企业成功实施多元化战略的影响因素，研究者从很多研究视角得出了不同的结论，主要包括三个方面：第一，技术创新能力。Larry 等（1991）、Barton（1995）和 Asli（2005）等学者的研究表明，技术创新能力包含企业的环境适应能力、技术信息获取能力和创新能力三个维度。② 技术创新能力是企业多元化战略成功和长期盈利的关键因素，其重要性超越了企业的营销能力，是除了多元化战略的资金准备外企业最需要着手完成的事情。③ 技术创新能力来自人、技术和管理的结合，是企业价值观、管理体系、技术系统和企业人员的综合产出。④ 第二，资源整合能力。企业的资源整合能力包括外部资源整合和内部资源整合两个维度。企业外部资源包括市场资源、供应链资源、社会资源和金融资源等。内部资源包括人力、物力、信息和资金等。张金华（2004）认为，企业应该根据自身的资源特征，将有价值的资源从某个领域移植到其他领域，在移植的过程中形成动态的资源整合能力，从而实现多元化战略的成功。⑤ 第三，企业管理能力。实施多元化战略使得企业的业务构成和领域变得复杂，这对企业的管理能力提出了较高的要求。企业需要处理好市场和内部各个业务层级之间的关系，协调多个产品、技术、市场之间的资源配置，满足不同产业、领域、地域、市场的客户需求，提防潜在竞争者的竞争战略，评

① Wiersema M. F., Bowen H. P. Corporate diversification: The impact of foreign competition, industry globalization, and product diversification [J]. Strategic Management Journal, 2008, 29 (2): 115-132.

② Larry L., Stulz R., Walkling R. A test of the free cash flow hypothesis: The case of bidder return [J]. Journal of Financial Economics, 1991, 29 (2): 137-154.

③ Asli M. C., Takashi H. Changing economic environments, evolving diversification strategies, and differing financial performance: Japan's largest textile firms, 1970-2001 [J]. Industrial and Corporate Change, 2005, 14 (6): 897-940.

④ Leonard-Barton D. Wellsprings of knowledge: Building and sustaining the sources of innovation [M]. Boston, MA: Harvard Business School Press, 1995.

⑤ 张金华. 以资源为基础的企业多元化战略 [J]. 现代管理科学, 2004 (2): 56-57.

估众多业务领域的进入和退出价值等。管理能力越强的企业，其在多元化战略上取得的业绩就越好。

2.2　企业债券融资

2.2.1　债券融资相关概念界定

2.2.1.1　债券融资

企业负债具有“财务杠杆效应”和“企业治理效应”，具体来说，一方面，企业负债起着税盾和财务杠杆作用，另一方面，企业负债还能以降低的融资成本优化企业资本结构，加强对管理层的约束，进而影响企业战略决策，Chandler（1962）提出的著名的“结构追随战略”论断就很好地印证了这一观点。

现有研究表明，负债的财务杠杆效应和企业治理效应都有正反两方面的效果，主要表现在：第一，当企业的融资规模一定时，通过增加债权融资来降低股权融资的比重，除了能够降低融资成本，还可以提高企业管理层的持股比重、增加他们对企业的剩余索取权，可在一定程度上缓解企业管理者的非道德行为。[①] 第二，Grossman 和 Hart（1982）在《企业金融结构和管理激励》一书中提出，企业债券能够对过度投资行为形成约束，因为债券融资将减少企业的自由现金流。[②] 第三，债券规模会影响企业的信

① 毛晋生．长周期下的融资供求矛盾：我国中小企业融资渠道的问题研究［J］．金融研究，2002（1）：131-134.

② Grossman S. J.，Hart O. D. Corporate financial structure and managerial incentives［A］．In：The economics of information and uncertainty［M］．Chicago，IL：University of Chicago Press，1982.

用风险和抗冲击能力。① 当企业不使用债务融资时，股权融资比重非常高，企业所面临的经营风险基本由股东承担；当企业引入债务融资时，虽然企业的破产风险提高，但是经营风险由股东和债权人共同承担，企业管理者需要接受股东和债权人的双重监督，面临较大的偿付压力，在一定程度上会减少引发代理问题的机会主义行为。因此，企业只有维持适度的债务规模才能达到最佳效果。

2.2.1.2 信用利差

企业通过债券筹集资金的主要成本为偿付给个人和机构投资者的债券利息，包括无风险利率和信用利差两个部分。② 其中，无风险利率是投资者在无风险情况下可以获得的基础收益，信用利差则是企业用于弥补基础资产信用违约风险而向投资者支付的高于无风险利率的部分。③ 信用利差即为企业债券的收益率与无风险利率的差值。由于债券可能存在违约风险，宏观经济政策（例如货币政策）、税收补偿和流动性溢价以及企业经营状况等多种因素都会影响债券违约率，所以信用利差才会存在。④⑤ 当经济运行良好，企业盈利水平较高，现金流较为充裕，偿债能力较强，不容易发生债券违约的情况，债券的信用利差较小；反之，当经济衰退时，投资者更倾向于投资那些低风险、高流动的项目，公司面临的信用违约风险增加，信用利差随之扩大。

Black 和 Scholes（1973）及 Merton（1974）相继提出了资产的期权定

---

① Goswami G., Noe T., Rebello M. Debt financing under asymmetric information [J]. Journal of Finance, 1995, 50 (2): 633-659.

② Merton R. C. On the pricing of corporate debt: the risk structure of interest rates [J]. The Journal of Finance, 1974, 29 (2): 449-470.

③ Collin-Dufresn P., Goldstein R. S., Martin J. S. The determinants of credit spread changes [J]. Journal of Finance, 2001, 56 (6): 2177-2207.

④ Agrawal D., Mann C. Explaining the rate spread on corporate bonds [J]. Journal of Finance, 2001, 56 (1): 247-277.

⑤ Lin H., Wang J., Wu C. Liquidity risk and expected corporate bond returns [J]. Journal of Financial Economics, 2011, 99 (3): 628-650.

价模型，提倡用结构模型表示影响企业信用的因素。[①②] 这种期权定价方法将企业因发行债券导致的负债视为企业价值的看跌期权，当企业价值比债券价值低时，债券违约将会发生，这意味着，公司价值的影响因素（包括公司层面的因素，如股价波动、公司财务杠杆等，以及基于宏观因素，如货币政策、利率等）会影响企业违约的可能性以及预期的违约成本，进而影响公司债券的信用价差。Giesecke 等（2011）对 1866—2008 年的债券违约行为的影响因素进行研究，进而发现国民生产总值增长率、股票收益及其波动都会对债券违约有较强的预测效果。[③]

2.2.1.3　信用评级

信用评级水平也是影响债券融资成本的重要变量。[④] 信用评级是专业评级机构依据规范的评级程序，通过考察企业的整体经营状况、盈利能力等来评估债券发行企业的违约风险水平后，用评级符号予以表示，信用评级水平是债券融资成本的另一种衡量标准。[⑤] 参照 2006 年 3 月 29 日发布的信用评级指导文件《中国人民银行信用评级管理指导意见》，银行间债券市场长期债券信用等级可以划分为三等九级，符号表示分别为：AAA、AA、A、BBB、BB、B、CCC、CC、C。[⑥] 除 AAA 级、CCC 级以下等级外，每一个信用等级附带"+""-"符号进行微调，表示在本等级水平上略高或略低浮动。由于我国债券信用评级普遍偏高，大部分企业的债券等级介

① Black F., Scholes M. The pricing of options and corporate liabilities [J]. Journal of Political Economy, 1973, 81 (3): 637-654.

② Merton R. C. Theory of rational option pricing [J]. Bell Journal of Economics, 1973, 4 (1): 141-183.

③ Giesecke K., Longstaff F. A., Schaefer S., et al. Corporate bond default risk: A 150-year perspective [J]. Journal of Financial Economics, 2011, 102 (2): 233-250.

④ Kisgen D. J., Strahan P. E. Do regulations based on credit ratings affect a firm's cost of capital? [J]. Review of Financial Studies, 2010, 23 (12): 4324-4347.

⑤ Kisgen D. J. Credit ratings and capital structure [J]. Journal of Finance, 2006, 61 (3): 1035-1072.

⑥《中国人民银行信用评级管理指导意见》（银发〔2006〕95 号），2006 年 3 月 29 日起生效。

于 AAA 和 AA 级别之间，从 2014 年债券发行数据来看，AA 级债券在发行总额中占比最高。

信用评级可以用作衡量企业债券违约概率的标准。我国 1992 年 6 月出台的《债券信用评级办法》主要确定了三个方面的内容：第一，债券评级指标体系及其计分标准；第二，债券评级的程序和步骤；第三，债券级别和对应符号。债券评级指标体系及其计分标准为其中最关键的内容，主要包括五个需要考察的因素：①企业素质，即企业管理团队能力、企业经营情况和竞争优势；②财务质量，即企业资金实力、企业信用状况、企业资产回报率等指标；③业务经营情况，即企业业务拓展情况、营运资金使用情况等指标；④发展潜力，即企业的市场占有率、市场竞争力、抗风险能力和危机意识等；⑤偿债能力，即企业到期还本付息的能力、偿债资金来源渠道等。

债券的信用评级是解决债券市场事前信息不对称的重要机制，[①] 能够为个人和机构投资者提供重要的投资参考价值：一是为个人和机构投资者提供更多债券发行企业的信息。[②] 评级机构在对债券评估时，会要求债券发行企业披露更多关于其财务情况、资金使用、还本付息的资金保障、偿债能力等信息。债券信用评级这一指标还隐含了债券发行方的其他重要信息，如企业管理能力、企业研发能力等，这在一定程度上缓解了企业、投资者和债权人之间的信息不对称问题。二是债券信用评级会综合分析企业的生产、经营和管理等，并对债券的风险状况做出一个总的评价，有助于投资者更好地做出投资决策。投资者面对企业提供的复杂信息，很难准确评估企业的债券风险水平，专业机构提供的信用评级可以弥补一般投资者分析能力不足导致投资决策不准确的风险。

---

① 张雪莹，焦健．信息不对称与债券担保——基于中国债券市场的检验［J］．南方经济，2017（4）：53-70.

② Manso G. Feedback effects of credit ratings［J］. Journal of Financial Economics，2013，109（2）：535-548.

2.2.1.4 违约风险

债券的违约风险是指债券发行企业不能按照事先达成的债券协议履行其义务的可能性。[①] 除债券的违约风险外，投资债券的风险还包括利率风险、购买力风险和变现能力风险等。其中，债券的违约风险是对个人和机构投资者而言，危害较大、造成损失较高的主要的债券风险。

债券违约的风险链条主要包括四个阶段：第一，萌芽阶段，宏观经济下行，行业低迷，周期性行业违约时有发生，是信用债券违约的共同特性。在经济衰退或萧条阶段，强周期性行业首当其冲，尤其在那些环境依赖性较强的行业中，系统性风险开始显现。第二，积累阶段，若企业管理层决策失误或发生其他突发事件，此时企业陷入经营困境，各种财务指标也会随之恶化。宏观经济下行导致行业系统性风险增加，更易触发债券违约行为，更严重的是，与此同时，企业内部因素会诱发违约行为发生，这些内部因素通常表现为：企业频繁更换管理层、盲目扩大投资规模、实施多元化投资等导致公司核心竞争力下降、流动性紧张等诸多问题。第三，爆发阶段，财务指标再度恶化，若企业仍未能摆脱经营困境，企业的偿债压力持续上升。一旦大规模债务集中到期，企业流动性受阻，必然会发生债券违约的情况。第四，应急处置阶段，企业变卖优质资产，增信机构进行风险补偿。流动性危机的爆发使得企业必须通过变卖优质资产进行偿债，增信机构成为主体违约的最后一道防线。

债券违约并非瞬时发生的，企业也不会无缘无故地违约。大部分情况下，债券违约是由发债企业经营不善，遭遇经营风险触发的。[②] 以下几种情形中，债券的违约风险会增加：第一，管理层频繁变动，会导致企业业务发展、产品规划等战略实施受阻，企业经营效率降低，员工离职率上

① Duffie D., Singleton K. J. Modeling term structures of defaultable bonds [J]. Review of Financial Studies, 1999, 12 (4): 687-720.

② Mjøs A., Persson S. A. A simple model of deferred callability in defaultable debt [J]. European Journal of Operational Research, 2010, 207 (3): 1350-1357.

升。同时，过度的业务扩张、错误的投资策略也会使企业陷入偿债困境。第二，进行债券融资的企业，如果通过资产划转、资产互换等方式被剥离了优质资产和核心经营业务，失去对重要业务单元的掌控，导致经营业绩下滑，可能会失去对债券的偿付能力。第三，企业治理结构的影响亦不容忽视，股权分散的企业由于控制权发生变动，也容易引起债券违约的情况。第四，在宏观经济下行时，企业经营受阻，资金链紧张，经营规模大幅缩水并面临亏损。随着信用评级下调，企业再度融资的难度增加，此外，投资者会选择提前行权，部分发债主体因回售而触发违约。

2.2.2 债券融资决策的影响因素

企业选择债券融资方式的影响因素包括以下几方面。

2.2.2.1 利用声誉资本

Diamond（1991）提出并验证了市场对于企业声望的控制，市场的控制能够有效地传递给外部投资者；哪怕企业参与债券市场交易的时间较短，只要市场反应较为平淡，企业便难以通过债权市场进行融资，导致企业不得不转向银行以寻求资金支持；而越是在市场中积累了良好口碑的企业，越是可以凭借着自身良好的声誉与形象获取债券市场投资者的青睐。①

2.2.2.2 利用信息对称

Leland 和 Pyle（1977）、Diamond（1984）、Fama（1985）、Boyd 和 Prescott（1986）等的研究均指出，为了对债券发行企业进行有效的监督，资金持有个人和机构需要获得大量涉及企业经营、战略和财务方面的信息，因此，对信息保密要求性高的企业往往愿意以非公开的方式进行债务

① Diamond D. W. Monitoring and reputation: The choice between bank loans and directly placed debt [J]. Journal of Political Economy, 1991, 99 (4): 689-721.

融资；而对信息保密要求较低的企业则通常倾向于公开发债。①②③④ 同时，Myers 和 Majluf（1984）的研究也认为，对信息保密要求性高的企业，只有在内部资金无法满足需求时，才会尝试进行外部融资。⑤

2.2.2.3　利用债务清算和再谈判的效率

Berlin 和 Loyes（1988）、Chemmanur 和 Fulghieri（1994）等通过理论模型推演，说明了企业融资方式的影响因素。他们的研究发现，违约概率较高与较低的企业都更倾向于通过债券融资，只有违约概率中等的企业才倾向于使用银行贷款。⑥⑦ Denis 和 Mihov（2003）在分析美国市场的情况之后提出，美国市场的安排给予银行很大的自主性与灵活性，使得经营绩效一般的企业更愿意通过银行贷款而非债务的方式融资。⑧ 而相比之下，由于《信托契约法》的约束，债务发行人只有在得到全体债券持有人一致同意的前提下，才能够修改债券的相关规定。

2.2.2.4　处于严格监管

Myers（1977）指出，通过债务融资时，公司往往会在一定程度上放

---

① Leland H.，Pyle D. Informational asymmetries，financial structure，and financial intermediation [J]. Journal of Finance，1977，32（2）：371-384.

② Diamond D. Financial intermediation and delegated monitoring [J]. Review of Economic Studies，1984，51（3）：393-414.

③ Eugene F. What' s different about banks? [J]. The Journal of Monetary Economics，1985，15（1）：29-39.

④ Boyd J. H.，Prescott E. C. Financial intermediary-coalitions [J]. Staff Report，1985，38（2）：211-232.

⑤ Myers S. C.，Majluf N. S. Corporate financing and investment decisions when firms have information that investors do not have [J]. Social Science Electronic Publishing，1984，13（2）：187-221.

⑥ Berlin M.，Loeys J. Bond covenants and delegated monitoring [J]. The Journal of Finance，1988，43（2）：397-412.

⑦ Chemmanur T. J.，Fulghieri P. Investment bank reputation，information production，and financial intermediation [J]. The Journal of Finance，1994，49（1）：57-79.

⑧ Denis D. J.，Mihov V. T. The choice among bank debt，non-bank private debt，and public debt：Evidence from new corporate borrowings [J]. Journal of financial Economics，2003，70（1）：3-28.

弃对有价值的项目的投资，而这种做法往往会降低企业的市场价值。① 基于这一发现，Myers 进一步提出，公司应该与债务投资人通过持续、密切但又不失灵活的方式，解决投资不足的问题。同时，由于在监督发债企业、付出监督成本时，投资者之间“搭便车”的情况时有发生。因此，监管不太严格、未来发展前景广阔的企业往往不愿意公开发行债券；而监管成本过高的企业则更愿意选择公开发行的方式进行债券融资。

2.2.2.5 经理自主权影响

Denis 和 Mihov（2003）认为，由于在企业的债务中，银行贷款占据了较大份额，因此在监督企业的过程中，银行具有很强的话语权。这一因素导致持股比例较低的管理者，更愿意通过公开发行债券的方式进行债务融资，以避免强势银行的介入；而持股比例较高的管理者则难以被银行所影响，因而会以企业价值最大化作为评判融资方式的依据。② 而其他学者则提出了不同的观点，他们认为，如果企业的治理结构完善，那么股权持有比例较低的经理人更愿意通过向银行申请贷款的方式，强化企业的治理完善性，约束企业的经营行为。

2.2.3 债券融资成本的影响因素

债券融资不同于所谓的“债务资本”，与银行贷款更是有着明显的差别。相较于银行贷款基于贷款合同与抵押物的模式，债券融资更多地依靠企业在资本市场中的信用。由于债券融资是企业融资的重要途径，因而关注哪些因素能够影响债券融资的成本具有鲜明与突出的现实意义和理论

① Myers S. C., Majluf N. S. Corporate financing and investment decisions when firms have information that investors do not have [J]. Social Science Electronic Publishing, 1984, 13 (2): 187-221.

② Denis D. J., Mihov V. T. The choice among bank debt, non-bank private debt, and public debt: Evidence from new corporate borrowings [J]. Journal of Financial Economics, 2003, 70 (1): 3-28.

意义。

2.2.3.1 信用利差的影响因素

信用利差是企业债券融资成本的主要构成之一，包括信用风险溢价、流动性溢价和税收三个部分，信用利差即为这三个部分的加总。信用利差的影响因素主要包括资本市场参与者、宏观经济周期和违约风险等因素。在成熟债券市场中，往往个人和机构投资者众多、结构比较分散，任何单一类型的投资者都无法左右债券的市场利率，该利率最终由市场化的博弈方式所决定。同时，在我国的债券市场，银行拥有绝对的主导地位，债券利率在很大程度上还会受到银行行为的影响。例如，有研究表明，企业所发行的债券的利率也会受到银行相同层次贷款利率的影响。当银行的存贷款利差缩小，实体经济的融资成本降低，企业发行债券的平均利差也会下降。

信用利差还会受到宏观经济周期的影响，往往具备明显的正周期特征。当宏观经济走向复苏和繁荣时，企业普遍经营状况良好，市场整体违约风险下降，债券的盈利空间较大，投资者的信心充足，对债券的买入需求旺盛，这时债券信用利差的平均值会下降。[①] 当宏观经济走向萧条和衰退时，企业的经营环境充满不确定性和危机，发展前景变得暗淡，债券流动性不足，投资者担忧资金安全和预期收益率，要求高额的流动性风险溢价补偿，这时债券信用利差的平均值会提升。

违约风险对债券的信用利差也有较大的影响。无论债券刚性兑付还是发生信用违约，企业及其债券所包含的违约风险都蕴含在了债券的信用利差之中。首先，从零违约到出现违约情况，投资者将遭受信心打击。信用利差可能会暂时升高，但信用利差的均值不会出现大幅波动。其次，如果只是个别垃圾债券违约，则该类债券的投资者会受到影响；如果资质较好

---

① 林采宜，张超．中国的信用利差为什么这么高？［J］．新金融评论，2015（1）：149-161.

的企业债券发生违约，将向市场传递不利的投资信号，导致债券发行受阻或大量赎回，债券信用利差增加，但是如果债券市场整体下跌，则企业之间债券信用利差的浮动范围将收缩。

2.2.3.2 信用评级与金融认证

除信用利差外，信用评级也是企业债券融资成本的影响因素。Peng 和 Brucato（2004）以美国市政债券为研究对象，发现信用评级能够降低发行企业的融资成本；① 王雄元和张春强（2013）发现，债券的信用评级及等级调整会对中期票据的融资成本有很大影响；② 何平和金梦（2010）验证了债券评级和主体评级对债券融资成本确实存在作用；③ Kovbasyuk（2012）观察到，信用评级的披露与企业债券价格波动有很强的相关性；④ 刘伟林（2013）研究发现，我国债券的信用评级对债券信用利差也存在一定程度的影响。⑤

信用评级的依据主要来源于金融认证理论。Booth 和 Smith 于 1986 年首次提出了金融认证理论，即由债券承销商、信用评级机构和债券担保企业执行的缓解债券市场信息不对称问题的一种解决机制。他们认为，金融认证机构对发债企业的了解比投资者更加深入，可以作为内部知情者提供更多关于企业内部的真实信息，减少发行人与投资人之间的信息不对称，降低企业的债券融资成本。⑥ Kisgen 和 Strahan（2010）认为，金融认证机

① Peng J., Brucato P. F. An empirical analysis of market and institutional mechanisms for alleviating information asymmetry in the municipal bond market [J]. Journal of Economics & Finance, 2004, 28 (2): 226-238.

② 王雄元，张春强．声誉机制、信用评级与中期票据融资成本 [J]．金融研究，2013 (8): 150-164.

③ 何平，金梦．信用评级在中国债券市场的影响力 [J]．金融研究，2010 (4): 15-28.

④ Kovbasyuk S. Seller-Paid ratings [J]. Social Science Electronic Publishing, 2013 (11): 1-36.

⑤ 中国人民银行武汉分行征信管理处课题组．我国债券信用评级与发行利率关系的实证分析 [J]．征信，2013 (7): 37-42.

⑥ Booth J. R., Smith R. L. Capital raising, underwriting and the certification hypothesis [J]. Journal of Financial Economics, 1986, 15 (1-2): 261-181.

构为投资者提供的额外信息大多和每个债券评估层级中的债券期望收益率和债券价格有关。如果没有金融认证，那么企业发行的债券的定价可能会偏离其真实价值，低风险的债券因为价格不公平而被迫离开市场，高风险的债券由于收益较高而大受欢迎。长此以往，高风险的债券将取代低风险的债券，极有可能造成市场崩溃。

对于金融认证的作用，也有学者提出了相反的意见，Kovbasyuk（2012）、Hilscher 和 Wilson（2013）等认为，当债券的发行企业花费很多价钱邀请评估机构对债券做出评估时，较高的评估费用可能会换来较高的信用评级，而且信用评级的方法并不能准确反映企业的违约风险，这使得信用评级提供的信息非常少，金融认证的作用也被降低。①②

信用评级还涉及金融认证机构本身的声誉资质。实际上，金融认证的本质就是评级机构用自身的信誉为被评估企业做担保，利用直观的表达方式向投资者展示企业和债券潜在的风险，为个人和机构投资者提供投资参考价值，评估企业及其债券可能的违约概率。评级机构的声誉越高，被评估企业的信用评级越具有认证作用。若评级机构对企业及其债券的评级做了改变，则相当于将新的投资决策参考信息向市场释放。

① Kovbasyuk S. Seller-Paid ratings [J]. Social Science Electronic Publishing, 2013 (11): 1-36.

② Hilscher J., Wilson M. Credit ratings and credit risk: Is one enough [J]. Working paper, 2013.

2.3 基于资源基础理论的多元化战略

2.3.1 资源基础理论的内涵

资源基础理论（Resource-Based Theory）由 Wernerfelt（1984）提出，该理论认为企业的超额利润和竞争优势来源于内部资源，因此应该从资源而非产品的视角去思考企业战略决策。① 那么，企业的资源包含哪些类型呢？Daft（1983）认为，企业资源主要包括有形资产、无形资产、组织流程、管理方式、企业文化、知识信息等，企业在这些资源的基础上建构适合自身发展的战略和核心能力。② 另外，竞争优势是指企业执行的能够创造价值且竞争对手无法复制的战略利益。这里的竞争对手包括当前和未来潜在的竞争企业。当企业战略和竞争优势无法复制时，该竞争优势就是长期可持续的核心竞争力。③

在资源基础理论被提出之前，战略领域普遍流行 Porter（1980）在其竞争优势理论中提出的两个基本假设：④ 第一，处于相同产业中的企业是不存在差异的，他们所拥有的资源和实施的战略都是一样的；第二，即使这些企业因为某些因素获得了异质的资源，这些异质资源也具有高度流动性，这使得企业资源和战略的异质性不会长期保持。

---

① Wernerfelt B. The resource-based view of the firm [J]. Strategic Management Journal, 1984, 5 (2): 171-180.

② Daft R. L. Learning the craft of organizational research [J]. Academy of Management Review, 1983, 8 (4): 539-546.

③ Barney J. B. Resource-based theories of competitive advantage: A ten-year retrospective on the resource-based view [J]. Journal of Management, 2001, 27 (6): 643-650.

④ Porter M. Competitive Strategy [M]. New York, NY: Free Press, 1980.

不同于竞争优势理论，资源基础理论提出了两个相反的假设：第一，企业具有资源异质性。Barney（1991）认为，资源和能力在企业之间的分布是不均匀的，并且这种异质性还可以长期持续。[①] 例如，对优质矿产的开采权可能长期为某些企业所拥有。在不同资源的基础上，企业可以根据资源的特点制定不同的发展战略。第二，异质资源并非高度流动的。资源基础理论假设资源的供给是缺乏弹性和有限的，而且不同的资源构成了各种各样的组合，几乎不存在完全相同的资源组合，因此不存在完全相同的企业。同时，资源受限于环境和条件也无法完全流动。如果资源可以完全流动，那么行业和市场的进出壁垒就会消失于无形，企业的成功战略会立刻被竞争对手复制，从而失去核心竞争力和竞争优势。从现实情况来看，显然资源基础理论比竞争优势理论更加符合实际。

企业拥有的资源有很多种，但是，能够使企业从中树立竞争优势的资源必然具备以下四个特征：具有价值、稀缺、难以模仿和难以替代。需要说明的是，Barney（2001）认为，只有当资源的数量少于自由竞争条件下企业的数量，那么该资源才被认定为稀缺资源，能够产生竞争优势。[②] 不可模仿性来源于三个方面：企业拥有的独特历史条件、资源和竞争优势的不明因果关系以及社会复杂性。不可替代性则要求企业用以构建战略的资源无法被其他资源替代，因为如果两种资源或资源组合能够构建相同的战略，则这两种资源或资源组合就被视为等同，这将无法为企业带来持续的竞争优势。资源的价值性和稀缺性构成了企业的竞争优势，而加上资源的不可模仿性和不可替代性才能使竞争优势具有持续性。

---

① Barney J. Firm resources and sustained competitive advantage [J]. Journal of Management, 1991, 17 (1): 99-120.

② Barney J. Is the resource-based "view" a useful perspective for strategic management research? Yes. [J]. Academy of Management Review, 2001, 26 (1): 41-56.

2.3.2 资源基础理论与多元化战略

多元化战略与企业所拥有的资源密切相关，当企业内部的资源除了用于主营业务还存在剩余时，或者某种资源在现有行业中未得到充分利用时，企业会倾向于在使用效率更高的行业中实施多元化战略。企业应该对自身所拥有的资源进行盘点、利用、发展、维护和升级，将具有多种用途的剩余资源转移到多个业务领域，并且与市场进入机会相协调，通过这种方式形成的资源异质性租金、资源杠杆效应和资源位势壁垒可以让企业获得独特的竞争优势，实现超越同行业其他企业的高额利润。

根据资源基础理论，企业的长期竞争优势来源于异质性的战略资源。与企业通用性资源相比，异质性资源（例如商业秘密、核心技术经验等）对企业更重要。Peteraf（1993）认为，市场上独特的、供不应求的、能够产生路径依赖的资源将产生经济准租，从而为企业带来超额利润和抢眼的业绩表现。① 为了最大限度地利用资源实现多元化，企业必须对各种资源进行优化匹配，充分利用范围经济和规模经济的双重优势，在各个产业领域中分摊固定成本、共同研究和开发、宣传品牌带动共同营销、提高劳动生产率、提高存货周转率等。

企业所拥有资源的特性会对其多元化战略的选择范围造成限定。如果某种资源的使用范围较广，当该资源出现剩余时，企业可以将其运用于多个领域来创造价值，如品牌资源、优秀人才资源、资金资源等，也就是说这种类型的资源允许企业实施低度相关或非相关多元化战略。如果某种资源的使用用途较少，则当该资源出现剩余时，企业只能考虑高度相关多元化战略，才能对该资源善加利用，如生产线资源、机器设备资源等。如果将资源应用于其他非相关产业，资源的转换和改造成本将非常大，超过其未来

① Peteraf M. A. The cornerstones of competitive advantage: A resource-based view [J]. Strategic Management Journal, 1993, 14 (3): 179-191.

带来的收益。企业实施多元化战略的前提是拥有足够的额外资源，并且能够协调产品生产能力和管理能力，在此基础上追求新的商业机会。

对于基于企业资源实施的多元化战略与企业绩效之间的关系，Palich等（2000）进行了研究，结论表明，在市场经济环境下，企业的多元化战略与绩效表现之间是倒“U”型的关系，这意味着企业绩效表现随着多元化战略水平的提升呈现出先升后降的趋势。随着企业相关多元化战略水平的提升，各个业务领域之间的协同效应增加，虽然能够充分利用企业资源，然而业务带来的收入相关性增强，使得市场风险未能充分消除；随着企业非相关多元化战略水平的提升，资源在各个业务领域之间更加分散，牵扯了企业在主营业务上投入的精力，然而各项业务收入之间相关性较小，企业面临的整体市场风险也较小。①

2.4 基于有效市场理论的多元化战略与债券融资

2.4.1 有效市场理论的内涵

有效市场理论（Efficient Markets Hypothesis，EMH）是关于资产价格行为模式的理论，起源于20世纪初路易·巴舍利耶（Louis Bachelier）的论文，他将原本用于分析赌博的方法用来分析证券，后来该论文被收录在保罗·库特（Paul Cootncr）1964年编著的文集《股票市场价格的随机性》

① Palich L. E., Cardinal L. B., Miller C. C. Curvilinearity in the diversification-performance linkage: An examination of over three decades of research [J]. Strategic Management Journal, 2000, 21 (2): 155-174.

中。该书的出版为有效市场假说的提出奠定了理论基础。①

尤金·法玛（Eugene Fama）在考察前人对股票价格行为模式研究的基础上，于1965年在论文 *Random Walks in Stock Market Prices* 中首次正式提出了"有效市场"概念，② 随后又在1970年的论文 *Efficient Capital Markets: Review of Theory and Empirical Work* 中提出了有效市场理论，即在一个资产市场中，资产的价格总是能够完全反应可得到的信息，并且会随着新信息的披露迅速产生相应变动。与资产相关的历史信息已经反映在资产价格中，而新信息的发生是不可预测的，所以资产的未来价格不可能真正预测，资产价格的变化具有随机性和独立性。③

有效市场理论建立在以下三个假设上：第一，投资者是理性的，可以客观地评估资产的内在价值；第二，即使存在非理性的投资者，但是由于这些投资者的交易都是随机独立发生的，因此这些交易相互抵消了对资产价格的影响；第三，即使存在非理性的投资者和相互关联的非理性交易，市场中的理性套利者能够消除这些交易对价格的影响。该理论表明，单个投资者的作用不足以影响资产价格，庞大的投资者群体总会对资产价格做出准确评价，因而市场对每种资产的定价都符合资产的真实价值。

Fama（1970）认为，资产市场包括三种类型的信息：内部信息、公开信息和历史信息。据此，他定义了三种不同程度的有效市场：第一，强式有效市场（Strong Form Market），即市场中的资产价格已经充分反映出所有公司经营相关的信息，内部信息和公开信息都是公开披露的，无法影响资产价格；第二，半强式有效市场（Semi-Strong Form Market），即市场中的资产价格已经充分反映出所有已公开的信息，公开信息不会导致资产价

---

① 陈奇斌．尤金·法马与有效市场理论［J］．福建论坛（人文社会科学版），2014（1）：38-41.

② Fama E. F. Random walks in stock market prices［J］. Journal of Business，1965（1）：34-105.

③ Fama E. F. Efficient capital markets：A review of theory and empirical work［J］. The Journal of Finance，1970，25（2）：383-417.

格产生变动，投资者无法依靠公开信息获取投资利益；第三，弱式有效市场（Weak Form Market），即市场中的资产价格充分反映出资产相关的所有历史信息，此时投资者无法凭借历史信息预测资产的未来价格。

强式有效市场是一种比较理想化的市场，因为从现实情况来看，尚不存在一个价格能够反映出公司所有经营信息的市场，弱式有效市场和半强式有效市场更符合当前现实。[①] 如果市场是弱式有效的，则意味着从历史信息中无法总结出资产价格变化的规律；如果市场是半强式有效的，则意味着资产价格会立即且准确地根据新信息进行充分调整，使得所有公开信息都反映在资产价格中。[②]

2.4.2　中国债券市场的有效性

对于我国债券市场的有效性，也有一些为数不多的文献进行了研究，主要集中在以下几个方面：第一，外部重要事件对债券价格的影响，如降息公告[③④]、CPI变化[⑤]等对国债价格的影响方向和调整周期，考察中国债券市场信息传递的有效性；第二，债券相关信息的有效性，如历史价格、无风险利率、利息支付、发债公司基本面、发债公司行为、宏观经济情况

① 唐国平，黄帅．有效市场：假说还是理论——基于现有研究成果的述评与展望［J］．湖北社会科学，2015（10）：97-103.

② 唐一禾，张波．有效市场理论综述［J］．社会科学家，2005（S1）：285-286.

③ 陈军泽，杨柳勇．国债市场的降息效应分析［J］．浙江大学学报（人文社会科学版），2000（3）：77-81.

④ 李贤平，江明波，刘七生．国债市场有效性的初步探讨［J］．统计研究，2000（7）：32-38.

⑤ 汤亮．公开信息与国债市场价格的发现过程——基于中国的经验实证分析［J］．南开经济研究，2005（5）：23-28.

等;①② 第三，债券市场的信息传递过程，如市场的协整和波动溢出效应③、信息不对称、信息披露④⑤、市场分割⑥等是否会影响信息的有效性。

对于中国债券市场是否有效，以往研究得出了不同的结论：第一，趋于弱式有效。例如，张信东（2005）通过研究 2004 年底中国全部上市的 31 只可转换债券，发现我国可转换债券市场尚未达到弱式有效，投资者可以利用历史信息从市场上套利，但这种套利空间正在日趋缩小。⑦ 第二，弱式有效。例如，张兵和李晓明（2003）发现，中国证券市场的总体效率从 1997 年以后逐渐提高，⑧ 总体上具有弱式有效的特征。⑨ 第三，半强式有效。例如，陈云贤（2019）认为，中国目前正处于“强式有为政府”与“半强式有效市场阶段”，⑩ 表现为市场要素体系、市场组织体系、市场法制体系和市场监管体系已经较为完善，而市场环境体系和市场基础设施还有进一步提升和完善的空间。

本书接受中国债券市场处于弱式有效市场和半强式有效市场之间的假说。从以往研究的时间线来看，随着市场相关制度的日趋完善，我国债券

① 高强，邹恒甫．企业债券与公司债券的信息有效性实证研究［J］．金融研究，2010（7）：99-117.

② 张雪莹，焦健．信息不对称与债券担保——基于中国债券市场的检验［J］．南方经济，2017（4）：53-70.

③ 王茵田，文志瑛．银行间和交易所债券市场信息溢出效应研究［J］．财经问题研究，2012（1）：60-67.

④ 时文朝．增强透明度对我国银行间债券市场信息效率的影响——以交易信息对流动性的影响为例［J］．金融研究，2009（12）：99-108.

⑤ 王芳．我国债券市场信息披露的现状、问题与对策［J］．证券市场导报，2013（2）：66-73。

⑥ 徐荟竹，李文伟．中国债券市场分割与信息有效性研究——基于跨市场债券的实证分析［J］．投资研究，2018（5）：48-56.

⑦ 张信东．我国可转换债券市场弱式效能的分析［J］．中国软科学，2005（3）：145-149.

⑧ 张兵，李晓明．中国股票市场的渐进有效性研究［J］．经济研究，2003（1）：54-61.

⑨ 胡金焱，郭峰．有效市场理论论争与中国资本市场实践——2013 年度诺贝尔经济学奖获奖成就实证检验［J］．经济学动态，2013（12）：114-121.

⑩ 陈云贤．中国特色社会主义市场经济：有为政府+有效市场［J］．经济研究，2019（1）：4-19.

市场的有效性一直在不断提高。当前，债券的历史信息，包括债券的价格、票面价值、交易量、历史违约率、利率、交易成本、通货膨胀率等对所有投资者都是免费且公开的，如果历史信息中隐含有关债券未来价格的内容，则投资者可以迅速、充分地在债券交易中加以利用。

同时，本书认为，中国债券市场目前还未达到半强式有效，这意味着债券的市场价格还不能迅速、准确地反映公司所有公开信息，包括公司资产负债、损益、股价变动等财务信息，管理效率、兼并收购、市场拓展等经营信息，市场价格没有能够及时反映这些公开信息。中国债券市场未实现半强式有效的原因主要有：第一，信息的反映周期长。由于我国债券市场存在流动性低、市场分割①、市场环境体系和市场基础设施尚不完善②等问题，当公开信息发布时，其反映到债券价格中是一个逐渐变化而非一蹴而就的过程。第二，信息的获取成本高。当前在我国债券市场上，信息的收集和获取并不是零成本的，而且信息的分布也不是充分和均匀的，市场中存在较多信息不对称的现象，投资者无法在同一时间获取相同的信息。第三，投资者对信息的理解能力存在差异。在现实世界中，投资者并非都是追求个人效用最大化的理性人，其在信息分析、理解和利用等处理过程上存在差异，对信息如何影响债券价格的预期和判断并不相同。

基于上述原因，笔者认为，在当前中国的债券市场上，公开信息的冲击导致债券价值产生变动，但债券价格的变动对债券内在价值和信息的反映并不准确、及时，存在债券价格和价值、信息的偏离。不过，由于市场竞争机制的存在、信息产生的随机性、信息产生的周期小于信息反映的周期、投资者的学习和纠偏等因素，由信息冲击带来的价值偏离会逐渐回

---

① 徐荟竹，李文伟．中国债券市场分割与信息有效性研究——基于跨市场债券的实证分析［J］．投资研究，2018（5）：48-56.

② 陈云贤．中国特色社会主义市场经济：有为政府+有效市场［J］．经济研究，2019（1）：4-19.

归，市场通过一段时间会消除公开信息反映不完全的现象。①

2.4.3 多元化战略的市场反应

市场对于实施多元化战略的企业反应较为复杂。市场的参与者主要包括股东、债权人和潜在投资者等，对于他们而言，企业实施多元化战略确实能够降低某个市场或行业的特定风险。在市场经济条件下，企业及其产品面临着价格、供求、风险和市场机制的机遇与挑战。随着科学技术的发展，产品的生命周期越来越短，发展波动性越来越大，单一产品和单一经营方式令企业承担着巨大的风险。因此，当某个产品或某个市场被颠覆时，还有其他业务支持着多元化企业，这令股东、债权人和潜在投资者对企业保持信心。

然而，有研究者认为，从多元化战略中受益的更多是企业的债权人而非股东。原因在于，Black 和 Scholes（1973）的期权定价模型认为，当企业实施多元化战略时，分散和降低的企业风险更多地保障了债权人的资金安全，直接使债权人受益，使得大量的股东财富转移到债权人手中，从而损害了企业股东的利益。② 因此，对于债权人而言，多元化战略产生了溢价；而对于股东来说，多元化战略是折价的。③ 这表明，企业实行多元化战略使得债权人和股东之间产生了利益冲突。当企业的负债水平较低时，这一冲突情况不会明显；然而，当企业的负债水平较高时，这一矛盾极有可能显著影响企业的股东权益资本成本。在这个意义上，企业实行多元化战略可能不符合股东的期望，从而可能增加了企业的资本成本。另外，作

---

① 丁志国，苏治．基于市场摩擦的广义有效市场假说［J］．吉林大学社会科学学报，2009（6）：63-71.

② Black F., Scholes M. The pricing of options and corporate liabilities [J]. Journal of Political Economy, 1973, 81 (3): 637-654.

③ Mansi S. A., Reeb D. M. Corporate diversification: what gets discounted? [J]. The Journal of Finance, 2002, 57 (5): 2167-2183.

为机构投资者，如果企业的所有权集中于机构投资者手中，包括共同基金和养老基金等，那么企业管理层实施多元化战略的冲动将被抑制，① 其为了自身利益而采取的非相关多元化战略会受到机构投资者较为严格的监督和制衡。②

市场的参与者还包括证券分析师，他们在企业多元化战略的信息传递中也发挥了重要作用。多元化企业往往陷入了“报道错位”（Coverage Mismatch）的陷阱。“报道错位”意味着企业的股票和债券没有被其所在行业的分析师关注、分析、宣传和报道，这是由于多元化企业涉及的行业领域过多，导致分析师对其所属行业定位错误。对股票关注量的缺乏导致实施多元化战略的企业遭受了“多元化折价”，股票和债券常常贬值交易。因此，迫于分析师行业分析错位导致的业绩和股价压力，部分企业高管被迫推动了“去多元化”趋势，使得企业股票和债券更容易被证券分析师理解、分析和评估，从而提升企业的评估价值。

对于我国资本市场，其在 20 多年的发展中，已经逐渐发展完善，除为企业提供融资外，在企业治理和战略管理方面也发挥了影响作用。尤其是 2005 年股权分置改革以来，市场中的机构投资者也日益重要，代表资本市场形成了约束和监督企业的一股力量。我国市场和机构投资者更加偏好主营业务突出、具有核心竞争力和竞争优势、拥有较高市场占有率的企业，对主营业务不突出、过度多元化的企业往往估值过低或不予投资。在评级机构评估企业股票和债券时，有明确的主营业务和核心资产常常成为企业未来有盈利能力的标志。

因此，市场对于企业实施多元化战略的反应较为复杂，只有保持核心业务发展顺利，整体业务风险较小，即将多元化战略保持在适中水平的企

---

① Hoskisson R. E., Turk T. A. Corporate restructuring: Governance and control limits of the internal capital market [J]. Academy of Management Review, 1990, 15 (3): 459-477.

② Boyd B. K., Gove S., Hitt M. A. Consequences of measurement problems in strategic management research: The case of Amihud and Lev [J]. Strategic Management Journal, 2005, 26 (4): 367-375.

业才会受到市场的青睐。同时，由于市场中的机构投资者在企业中持有的股份比重从1%以下到50%以上不等，因此企业所受的市场压力也不尽相同，从而在实施多元化战略上受到的约束和监督力度也不同。

在我国市场尚未达到强式有效的假说下，企业实行的多元化战略会影响市场内股东、债权人、个人投资者和机构投资者等各种参与者的预期与判断，由于投资者并非完全理性人，对信息的处理能力也存在差异，因此市场上会出现证券价格和证券价值的偏离，从而出现部分套利机会。最终，经过一段时间的调整，证券价格和证券价值会重新统一，多元化战略相关的公开信息会准确、充分地反映在证券价格中。作为证券市场的一种类型，债券市场对多元化战略的反应也符合这一过程。

2.5 企业产权性质

2.5.1 产权性质概念界定

产权性质是我国特有且非常重要的情境因素，不同产权性质的企业融资行为有很大差异。[①] 与非国有企业相比，国有企业实施多元化战略有两方面优势：[②] 在资源获取方面，国有企业更可能获得政治资源的支持，在各个领域有效地开展业务活动，由于政府为国有企业债券发行提供隐性担保，国有企业可以依靠产权性质提高信用水平，从而降低了获得外部融资的难度；在风险规避方面，政府的隐性担保和政策支持降低了国有企业在

① Brandt L., Li H. Bank discrimination in transition economies: Ideology, information, or incentives? [J]. Journal of Comparative Economics, 2003, 31 (3): 387-413.

② Chen G., Firth M., Gao D. N., et al. Ownership structure, corporate governance, and fraud: Evidence from China [J]. Journal of Corporate Finance, 2006, 12 (3): 424-448.

宏观环境动荡时的债券违约率，因此，国有企业在定价上只需要较低的风险补偿率，债券初始发行成本也随之降低。

反之，非国有企业由于缺乏政府担保，抗风险能力相对较弱，一旦面临财务危机，就无法享受政府提供的再融资或债务重组等支持。① 因此，相对于国有企业，非国有企业实施多元化战略的风险更大，企业违约风险率更高，在定价上需要更高的风险补偿率，债券初始发行成本也更高。基于上述分析，产权性质是企业的一个重要结构特征，会直接影响投资者对其发行债券的违约风险水平的估计，由此影响企业的融资行为和融资成本等。②

此外，产业政策对不同产权性质的企业的影响程度有异。国有企业比非国有企业具有更大的融资便利，③ 银行的大部分贷款主要流向了有政府联系的企业。④ 因此，我们推测，国有企业融资难度更低，通常较少面临资金短缺等问题，虽然也会投资政府或政策重点扶持、发展的行业来响应政府的政策需求，但当其本身业务领域已经涉及这些重点行业时，国有企业不会根据政策变动大幅调整自身的业务结构。但是，Faccio 等（2006）发现，相对于非国有企业，国有企业的经营决策的灵活性较低，其经营决策也会受到更多重因素的影响。⑤ 相反，非国有企业决策灵活度较高，为获取政府的政策和资金支持，更有动机向政策靠拢、涉足政府重点扶持的企业，因此，非国有企业会更加显著地受到产业政策的影响，并因此改变

① Campello M., Graham J. R., Harvey C. R. The real effects of financial constraints: Evidence from a financial crisis [J]. Journal of financial Economics, 2010, 97 (3): 470-487.

② Allen F., Qian J., Qian M. Law, finance and economic growth in China [J]. Journal of Financial Economics, 2005, 77 (1): 57-116.

③ Cull R., Xu L. C. Who gets credit? The behavior of bureaucrats and state banks in allocating credit to Chinese state-owned enterprises [J]. Journal of Development Economics, 2003, 71 (2): 533-559.

④ 黎文靖，李耀淘．产业政策激励了公司投资吗？[J]．中国工业经济，2014 (5): 122-134.

⑤ Faccio M., Masulis R. W., McConnell J. Political connections and corporate bailouts [J]. The Journal of Finance, 2006, 61 (6): 2597-2635.

自身的经营战略和业务结构等。

2.5.2 产权性质对多元化战略的影响

在我国经济转型的背景下，由于历史原因，我国国有企业的地位和待遇一直与众不同，尤其是在政府救助、银行贷款、政企关系和市场准入政策等方面。政府和银行对国有企业的待遇更加优惠，主要原因在于：第一，国有企业分布在关乎我国经济命脉的关键产业，与国家经济发展的战略驱动密切相关；① 第二，国有企业的部分所有权和控制权由国家掌控，扶持国有企业也源于政治利益和经济利益的驱动；②③ 第三，国有企业承担着稳定经济发展水平、维持高就业率、代表中国企业国际形象等任务，因此政府必须对国有企业的发展进行动态承诺；④⑤ 第四，对于银行来说，政府对银行往往有较强的刚性干预，银行本身也多属于国有，将资金贷款给规模较小的非国有企业会提高银行的风险，因此，银行在放贷时更加偏向国有企业。⑥

因此，国有企业和非国有企业在预算约束、资本市场融资、市场准入政策和危机救助等方面均存在显著差异。基于上述原因，国有企业在实施多元化战略方面拥有非国有企业无法比拟的优势。例如，邓新明（2011）研究发现，相对于非国有企业，国有企业更易通过行业和市场准入的政府

---

① 林毅夫．发展战略与经济发展［M］．北京：北京大学出版社，2004.

② Hillman A. J., Keim G. D., Schuler D. Corporate political activity: A review and research agenda［J］. Journal of Management, 2004, 30 (6): 837-857.

③ La Porta R., Lopez-de-Silanes F., Shleifer A., et al. The quality of government［J］. The Journal of Law, Economics, and Organization, 1999, 15 (1): 222-279.

④ Dewatriponi. Credit and efficiency in centralized and decentralized economies［J］. Review of Economic Studies, 1995, 62 (4): 357-371.

⑤ Qian Y., Roland G. Federalism and the soft budget constraint［J］. American economic review, 1998, 88 (5): 1143-1162.

⑥ 辛子波，张日新．地方政府干预地方银行行为分析［J］．财经问题研究，2001（12）：29-31.

审批，不会面临市场准入的政策门槛，[①] 更容易进入和退出市场，因而也能够更加容易实施多元化战略。

2.5.3　产权性质对债券融资的影响

与非国有企业相比，国有企业在债券融资方面可以享受到更多的优惠待遇。吴联生（2009）认为，其根源在于政府和国家在国有企业中持有股权。[②] 国有企业的特殊待遇主要表现在以下几个方面：第一，国有企业的产品能够在市场得到政府的优待，Loury（1998）认为，这减少了国有企业面临的经营风险。[③] 第二，国有企业在陷入财务困境时，政府和国家会为其提供资金保障。[④] Lin 和 Tan（1999）、钟伟和宛圆渊（2001）等认为，国有企业存在严重的预算软约束问题，而政府对银行的行政干预、银行的治理结构问题都会导致预算软约束变本加厉。[⑤⑥] 预算软约束的存在虽然是我国国民经济的大问题，但当国有企业面临债券违约风险时，预算软约束却可以为国有企业提供资金和其他帮助，有助于减少债权人的损失。与国有企业相比，当非国有企业无法偿付债务本息时，政府很少对发生违约的非国有企业和蒙受损失的投资者直接提供帮助，投资者只能通过法律途径来维护自身的权益。

国有企业拥有政府和国家的隐性担保和信用背书，Chen 等（2010）认

① 邓新明．我国民营企业政治关联、多元化战略与公司绩效［J］．南开管理评论，2011（4）：4-15.

② 吴联生．国有股权、税收优惠与公司税负［J］．经济研究，2009（10）：109-120.

③ Loury G. C. Discrimination in the post-civil rights era: beyond market interactions［J］. Journal of Economic Perspectives，1998，12（2）：117-126.

④ 孙铮，刘凤委，李增泉．市场化程度、政府干预与企业债务期限结构——来自我国上市公司的经验证据［J］．经济研究，2005（5）：52-63.

⑤ Lin J. Y.，Tan G. Policy burdens，accountability，and the soft budget constraint［J］. American Economic Review，1999，89（2）：426-431.

⑥ 钟伟，宛圆渊．预算软约束和金融危机理论的微观建构［J］．经济研究，2001（8）：44-52.

为，这可以在一定程度上减少投资者对于国有企业债券违约的担忧，① 从而降低了投资者对债券的风险预期和风险补偿率。因此，与非国有企业相比，国有企业债券的信用利差较低，在债券融资上有非常大的优势。而且，曾萍等人（2014）发现，政府对国有企业的支持力度也会影响国有企业的债券融资，受到政府政策支持力度越大的国有企业，越能够获得更多的投资者信心。②

2.6 已有研究评述

通过对以往文献进行回顾和梳理，笔者发现了以往研究存在的以下三点不足之处：

第一，从战略领域与财务融资领域相结合的视角出发去分析多元化战略和债券融资关系的研究较少，尤其是对债券融资成本的研究较少。一直以来，企业战略决策和债券融资是两个较为独立的研究领域。企业战略领域的研究主要关注企业战略决策的制定、战略与外部环境的动态匹配、如何用战略塑造企业的核心竞争力等方面。而融资成本理论主要关注债券融资和股权融资的财务行为，代表理论有融资优序理论、产权理论、代理理论、契约理论、资本结构理论等。传统的融资成本理论一般不涉及对企业战略决策方面的考虑，造成财务领域与企业战略领域之间的影响关系被忽视。需要注意的是，降低融资成本是企业战略决策顺利实施的基础条件，融资成本过高不仅压缩了企业的利润空间，还可能给企业带来复杂的债权

① Chen R. R., Fabozzi F. J., Sverdlove R. Corporate credit default swap liquidity and its implications for corporate bond spreads [J]. The Journal of Fixed Income, 2010, 20 (2): 31-57.

② 曾萍，邓腾智，宋铁波. 制度环境、核心能力与中国民营企业成长 [C]. “中国管理思想与实践”学术研讨会暨中国企业管理研究会 2011 年年会，2011.

关系和股权关系，甚至威胁到企业的控制权。因此，企业战略与融资成本息息相关，战略实施过程不能离开较低融资成本的支持。因此，需要系统分析多元化战略与债券融资成本之间的关系，从战略对融资成本影响的视角来研究债券融资成本问题有重要的理论和现实意义。

第二，以往文献对于多元化战略和融资成本的研究视角较多局限于某一个研究领域，很少涉及战略领域和财务领域基础理论的交叉融合。以往研究对于多元化战略多从资源基础理论的视角去分析，考虑多元化战略对于企业资源的整合、转换和利用；对于债券融资成本的研究主要从融资优序理论、资本结构理论、代理理论等财务视角去分析，考虑企业如何安排内源和外源融资的比例和顺序，以及这种安排衍生出的财务问题；同时，有效市场理论常常被用来检验市场功能是否完善，以及投资者是否可以预测资产价格等。然而，当多元化战略与债券融资成本相结合时，很少有研究将资源基础理论和有效市场理论结合起来，系统思考如何用这两个理论去解释多元化战略对企业债券融资成本的影响。当企业在利用资源和能力开展多元化战略、拓展相关或不相关领域业务时，会面临资源和能力在整合、协调、利用过程中的各种问题，关系到企业多元化战略的成功与否，这些公开信息会为企业的债券价值和债务履约能力带来风险和不确定性。基于资源基础理论和有效市场理论的联合视角在以往的研究中被忽视。

第三，以往研究对于多元化战略与债券融资成本之间的关系方向和关系复杂程度存在争议。不仅对于企业多元化战略与债券融资成本之间关系的研究较少，而且对于二者之间是线性关系还是非线性关系，是正向关系还是负向关系的结论也存在矛盾之处。当然，上述结论的差异在很大程度上由数据问题造成，由于缺乏各个细分行业的财务数据（如资本支出、折旧等），国内已有研究很难将整体数据细分到企业多元化涉及的各个行业；

或者是只能采用贾良定等（2005）使用的间接方法①，通过侧面研究进行分析。由于数据较为缺乏，因此，在很大程度上必须通过间接的方法对变量及其关系进行测量，这也意味着对我国企业多元化战略和债券融资之间关系的考察仍然留有较大的空间。

① 贾良定，张君君，钱海燕，等．企业多元化的动机、时机和产业选择——西方理论和中国企业认识的异同研究［J］．管理世界，2005（8）：94-104.

第3章

研究假设与研究模型

3.1 研究假设

3.1.1 多元化战略与债券融资成本

目前理论界很少从多元化战略的角度对债券融资进行研究，国内关于多元化战略与债券融资成本的研究相对较少，主要原因是中国的债券市场从2011年起才进入大发展阶段，理论滞后于实践的现象较为明显。随着多层次资本市场的发展，债券融资的增长速度已经超过银行贷款的增速。以往相关领域的研究主要集中在多元化战略与两种资本成本的研究，即股权融资的权益成本和银行贷款融资的债务成本，涉及债券融资成本的研究相对较少。此外，已有研究关于多元化战略与债券融资成本之间关系的研究结论并不一致，存在矛盾之处（见表3-1）。

表3-1 多元化战略对债券融资成本的影响

	多元化战略的影响作用	文献支持
债券融资成本	+	韩伟等（2015）；龚峻（2008）；惠恩才（2015）
	-	任曙明等（2010）
	U	万国光和贾良定（2010）

注："+"表示随着多元化程度的增加，债券融资成本增加；"-"表示随着多元化程度的增加，债券融资成本降低；"U"表示随着多元化程度的增加，债券融资成本先降后升。

资料来源：作者根据相关资料整理。

3.1.1.1 多元化战略与债券信用利差

已有研究主要从多元化战略的直接作用、中介作用和调节作用三方面探讨多元化战略对企业资本成本和债券信用利差之间的关系，并且得出了截然不同的研究结论。

第一，从多元化战略的直接作用来看，姜付秀和陆正飞（2006）的研究结果表明，由于实行多元化战略会带来股东与债权人间的利益冲突问题，因而其在降低债务融资成本的同时，也会提高股权融资的成本。因此，多元化战略对企业融资总成本的影响是复杂的，① 这将导致资金持有者对企业及其债券的主观感知也较复杂，影响债券信用利差水平的确定。吴文静（2010）的研究表明，企业多元化程度越高，越倾向于采取发行债券的方式进行融资。② 张红等（2015）针对房地产行业的研究同样表明，企业多元化战略对不同类型资本成本的影响效果不同，但与姜付秀和陆正飞（2006）的研究结论相反，其研究结果表明，企业多元化经营程度越高，股权融资成本越低，债券融资成本越高，③ 即企业发行债券的信用利差水平较高。同时，耿黎（2016）的研究结果表明，多元化战略对信用利差的影响还受到多元化战略衡量指标选取的影响。④

第二，从多元化战略的中介效应来看，林钟高等（2015）的研究发现，企业多元化战略水平随环境不确定性的增加呈现先升后降的倒“U”型变化特点，而包括债券信用利差在内的资本成本则随多元化战略水平的提升呈现先降后升的“U”型变化特点，多元化战略水平对环境不确定性与资本成本之间的关系也发挥着中介作用。⑤ 这一结果表明，企业通过多元化战略来降低环境不确定性对于企业信用利差的负面影响只能达到有限

① 姜付秀，陆正飞．多元化与资本成本的关系——来自中国股票市场的证据［J］．会计研究，2006（6）：48-55.

② 吴文静．中国制造业企业的多元化战略与融资策略研究——基于信息不对称视角［J］．中国管理信息化，2010（6）：47-50.

③ 张红，高帅，李维娜．中国房地产上市公司多元化与企业绩效关系［J］．清华大学学报（自然科学版），2015（9）：977-983.

④ 耿黎．农业上市公司多元化经营对权益资本成本影响的研究［J］．农业经济，2016（6）：124-126.

⑤ 林钟高，郑军，卜继栓．环境不确定性、多元化经营与资本成本［J］．会计研究，2015（2）：36-43.

的效果。

第三，从多元化战略的调节效应来看，张大勇（2016）、廖义刚（2015）等的研究表明，企业经营环境的不确定性越高，资金持有者对企业进行投资的风险越高，因而会要求更高的资本回报率和信用利差，从而导致更高的企业资本成本。较高的企业多元化战略水平能够降低环境不确定性带来的高风险，从而缓解环境不确定性对信用利差的不利影响，对环境不确定性与资本成本间的关系起调节作用。①②

根据有效市场假说，经过一段周期的市场调整，多元化战略的公开信息会反映在债券价格即企业的债券融资成本中。同时，从上述文献可以看出，多元化战略对企业的资本成本影响较为复杂，而信用利差代表企业对于资金持有者可能会面临的风险而给予的收益率补偿，构成了企业资本成本中债券融资成本的主要来源。因此，笔者认为多元化战略与信用利差之间也并非简单的线性关系，而是复杂的非线性关系。具体而言，过高水平和过低水平的多元化战略都可能带来较高的信用利差。

据此，本书提出：

假设1：企业多元化战略对债券信用利差存在“U”型影响。

根据Montgomery和Wernerfelt（1988）、Chatterjee和Wernerfelt（1991）等的研究，多元化战略的类型选择与企业所拥有的资源密切相关；③④ Williamson（1988）、Kochhar和Hitt（1997）等发现，这些资源特征又会影响

① 张大勇．环境不确定性与多元化经营对资本成本的影响——基于长三角地区传统产业上市公司的实证研究［J］．西南民族大学学报（人文社会科学版），2016（10）：117-123.

② 廖义刚．环境不确定性、内部控制质量与权益资本成本［J］．审计与经济研究，2015（3）：69-78.

③ Wernerfelt B.，Montgomery C. A. Tobin’s q and the importance of focus in firm performance［J］. The American Economic Review，1988，78（1）：246-250.

④ Chatterjee S.，Wernerfelt B. The link between resources and type of diversification：Theory and evidence［J］. Strategic management Journal，1991，12（1）：33-48.

企业的融资方式和融资成本。①② 由于本书将多元化战略划分为三个维度，即整体多元化战略、相关多元化战略和非相关多元化战略，因此，本书通过三个子假设对假设1进行验证。该假设包含的第一个子假设为：

假设1a：企业整体多元化战略水平对债券信用利差存在"U"型影响。

多元化战略对企业信用利差的影响体现在许多方面。Weston（1970）和Lewellen（1971）提出，企业能够通过多元化战略建立不同经营主体间的共同保障机制，从而提升企业对外部债权人的偿债能力，或是将资本市场内部化，减少由于信息不对称而带来的融资成本的增加，③④ 从而提高企业收益和价值的稳定性。Hadlock等（2001）的研究结果表明，实行多元化战略的企业再融资折价程度要低于专业企业，这是因为在外部投资者看来，在其业务相关领域开展多元化战略的企业具有更强的综合实力，抵抗风险的能力更强，因而外部投资者对这类企业信用利差的要求更低。因此，多元化战略的实施能够起到降低企业与外部投资者之间信息不对称程度的作用。⑤

有效的资产组合可以分散投资风险。⑥ 根据Amit和Livant（1988）的研究，如果将企业的各类业务等同于企业投资的资产，那么，实施多元化战略相当于企业持有了一套资产组合。⑦ 当不同业务之间的收入和利润现

---

① Williamson O. E. Corporate finance and corporate governance［J］. The Journal of Finance, 1988, 43（3）: 567-591.

② Kochhar R., Hitt M. A. Linking corporate strategy to capital structure: Diversification strategy, type and source of financing［J］. Strategic Management Journal, 1998, 19（6）: 601-610.

③ Weston J. F. Diversification and merger trends［J］. Business Economics, 1970, 5（1）: 50-57.

④ Lewellen W. G. A pure financial rationale for the conglomerate merger［J］. The Journal of Finance, 1971, 26（2）: 521-537.

⑤ Hadlock C. J., Ryngaert M., Thomas S. Corporate structure and equity offerings: Are there benefits to diversification?［J］. The Journal of Business, 2001, 74（4）: 613-635.

⑥ Markowitz H. Portfolio selection［J］. The Journal of Finance, 1952, 7（1）: 77-91.

⑦ Amit R., Livnat J. Diversification strategies, business cycles and economic performance［J］. Strategic Management Journal, 1988, 9（2）: 99-110.

金流并非高度相关时，企业就能够达到减小现金流的波动、降低经营风险的目的。从这个角度来看，由于业务相关领域的利润或现金流高度相关，在业务相关领域开展多元化战略并不能帮助企业完全规避风险，从而会提高外部投资者对这类企业信用利差的要求。因此，不同程度的相关多元化战略既能够增强企业的综合实力，降低外部投资者对信用利差的要求，也会因不同业务间现金流的相关性过高而提升风险，从而提高外部投资者对信用利差的要求。

因此，该假设包含的第二个子假设为：

假设 1b：企业相关多元化战略水平对债券信用利差存在“U”型影响。

Brander 和 Lewis（1986）研究发现，通过债券融资，企业能够向外部利益相关者传递其将采取更为激进的产品策略的信号，从而产生战略承诺效应。① 在此基础上，Chatterjee 和 Wernerfelt（1991）等的研究进一步拓展了产品/要素市场理论，认为多元化战略能够对企业资本结构及债券融资产生重要影响。② Kochhar 和 Hitt（1998）、Barton 和 Gordon（1988）等的研究表明，当企业采取非相关多元化战略时，能够向外部投资者传递该企业对自身的主营业务充满信心，同时还具备经营非相关业务实力的信息，因而外部投资者会更加积极地看待该企业的债券预期收益率，从而吸引外部投资者购买债券，并降低外部投资者对信用利差的要求。这一研究结论为 Chatterjee 和 Wernerfelt（1991）的观点提供了实证支持。③④

然而，非相关多元化战略有利于降低企业经营风险的结论，其成立的

① Brander J. A., Lewis T. R. Oligopoly and financial structure: The limited liability effect [J]. The American Economic Review, 1986, 76 (5): 956-970.

② Chatterjee S., Wernerfelt B. The link between resources and type of diversification: Theory and evidence [J]. Strategic Management Journal, 1991, 12 (1): 33-48.

③ Kochhar R., Hitt M. A. Linking corporate strategy to capital structure: Diversification strategy, type and source of financing [J]. Strategic Management Journal, 1998, 19 (6): 601-610.

④ Barton S. L., Gordon P. J. Corporate strategy and capital structure [J]. Strategic Management Journal, 1988, 9 (6): 623-632.

前提在于企业各个非相关业务之间是否会相互影响。如果将业务视为企业的资产，则一个重要的假定是资产的价格不受资产组合中其他投资品价格波动的影响，即资产价格完全外生于资产组合中其他投资品的价格。但已有学者的研究表明，这一假定在非相关多元化战略中不一定成立。一方面，企业管理者可以实行积极的管理策略，根据经营目标的需要改变各业务的现金流。因此，其他业务的现金流不可避免地影响企业管理者对当前业务现金流的调整，从而使得不同业务的现金流之间实质上存在相关关系。①② 另一方面，即使不同业务的现金流之间确实不存在相关关系，非相关多元化战略是否有利于降低企业的经营风险还取决于不同业务的现金流是否不同时增加或减少。换言之，若将业务组合视为资产组合，那么资产组合是否能够降低风险还取决于资产组合是否有效。③ 由此可见，随着非相关多元化战略水平的增加，债券信用利差会呈现出非线性的变化。

因此，该假设包含的第三个子假设为：

假设 1c：企业非相关多元化战略水平对债券信用利差存在“U”型影响。

3.1.1.2 多元化战略与债券信用评级

Scholes 和 Black（1973）的研究结果表明，多元化战略能够减少企业收益的波动性，从而降低企业的风险水平，但企业风险水平降低的受益者是企业的债权人而非股东。④ 多元化战略带来的共同联保效应使得企业能够获得更加稳定的现金流和更好的偿债能力，从而降低企业的违约风险，

---

① Lubatkin M., Chatterjee S. Extending modern portfolio theory into the domain of corporate diversification: Does it apply? [J]. Academy of Management Journal, 1994, 37 (1): 109-136.

② Chatterjee S., Singh J. Are tradeoffs inherent in diversification moves? A simultaneous model for type of diversification and mode of expansion decisions [J]. Management Science, 1999, 45 (1): 25-41.

③ 吴国鼎，张会丽. 多元化经营是否降低了企业的财务风险？——来自中国上市公司的经验证据 [J]. 中央财经大学学报，2015 (8): 94-101.

④ Black F., Scholes M. The pricing of options and corporate liabilities [J]. Journal of Political Economy, 1973, 81 (3): 637-654.

提高企业的信用评级。因此，采用多元化战略实际上对作为企业债权人的资金持有者来说较为有利，有助于评级机构对实施多元化战略的企业做出较好的信用评价。

但与此同时，多元化战略也可能带来折价效应，导致资本成本上升。① 多元化战略可能会涉及对企业专用性资产的共享，而掌控专用性资产的管理者可能会出于自利的目的进行过度多元化，导致过度投资，容易带来营运现金流紧缺等问题，提高了企业的经营风险和不确定性，这一公开信息会逐渐传递给市场和投资者，对企业的信用评级造成不利影响。溢价效应和折价效应同时存在，导致多元化战略对债券信用评级的影响变得不确定。

总体而言，笔者认为，当多元化战略水平较低时，管理者出于自利目的实施机会主义行为的可能性较小，分散化投资对企业风险水平的降低大于管理者过度投资带来的风险，多元化战略将表现出溢价效应，有利于提高企业的信用评级；而当多元化战略水平较高时，分散化投资对企业风险水平的降低不足以抵消管理者过度投资带来的风险，多元化战略将表现出折价效应，不利于企业的信用评级。

因此，本书提出：

假设 2：企业多元化战略对债券信用评级存在倒“U”型影响。

同样，由于本书从企业整体多元化战略、相关多元化战略和非相关多元化战略三个维度进行考察，因此假设 2 又具体包含三个子假设。该假设的第一个子假设为：

假设 2a：企业整体多元化战略水平对债券信用评级存在倒“U”型影响。

一方面，已有研究表明，相关多元化战略容易带来组织结构过于繁杂等问题，加剧企业与外部利益相关者之间的信息不对称，导致更高的融资

---

① Mansi S. A., Reeb D. M. Corporate diversification: What gets discounted? [J]. The Journal of Finance, 2002, 57 (5): 2167-2183.

成本，降低企业的商业信用。繁杂的组织结构会持续加剧企业内部管理者与股东之间、部门经理与管理者之间的双重代理问题，给企业价值带来不利影响。外部投资者可能出于对收益与风险的权衡要求企业提供更高的报酬率，从而不利于企业外部融资能力的提高。因此，基于信息不对称和代理问题两方面的考虑，相关多元化战略将会对企业的信用评级产生负面影响。另一方面，通过相关多元化战略，企业可以建立内部资本市场、实现资产组合等，降低企业违约风险，提高企业的商业信用。①② 并且，企业进行多元化战略通常与其债券融资能力、信用管理能力等紧密相关。充足的现金流和较强的外部融资能力通常有利于企业获得较好的信用评级。因此，企业实行多元化战略会影响企业商业信用的获得，以及评级机构对企业商业信用水平的评定。③

综上所述，笔者认为，在企业相关多元化战略水平较低时，企业能够对相关多元化衍生出来的管理复杂性进行控制，从而获得外部评级机构的较高评估；当相关多元化战略水平较高时，相关多元化带来的管理难度和信息不对称问题已经超越了原本的优势，从而对企业信用评级有负面影响。

因此，该假设的第二个子假设为：

假设 2b：企业相关多元化战略水平对债券信用评级存在倒“U”型影响。

非相关多元化战略有利于帮助企业降低经营风险、提升企业的盈利能力。但已有研究针对非相关多元化战略给企业信用评级带来的影响并未形成统一观点。我国企业在进行非相关多元化战略时的一大突出特征是，这

① 陈建新，谭教千．知识管理：相关多元化战略企业的核心竞争力［J］．科技进步与对策，2003（21）：38-40.

② 蔡键．农业企业相关多元化战略选择研究——基于农业上市公司的实证考察［J］．现代管理科学，2014（7）：76-78.

③ 吴昊旻，王杰，买生．多元化经营、银行信贷与商业信用提供——兼论融资约束与经济周期的影响［J］．管理评论，2017（10）：223-233.

些企业在主营业务之外，会通过销售金融产品组合及投资证券、基金、保险等来大量涉足金融相关领域，从而使得金融业务收入在企业总收入中的比重不断提升。但由于大量金融产品创新水平低、小企业跟风销售金融产品等原因，当前国内市场的金融产品市场已经趋于饱和。与此同时，金融业务还存在收入稳定性差、利息收入与非利息收入相关性高等特点，此时企业的信用评级可能因为风险较高的金融业务受到影响。

企业信用评级与其非相关多元化战略水平之间的非线性关系表现在许多方面。一方面，企业并非业务越多元化绩效就越好，① 多元化经营程度对企业信用评级的影响存在一个“度”的问题。另一方面，多元化对企业信用评级的影响也因企业规模大小存在差别，相较于小企业，大企业的管理水平、研发水平等通常更高，更适于非相关多元化战略水平高的经营方式。② 因此，企业若不顾既有多元化战略水平和自身规模盲目进行多元化，导致风险水平超出自身可控范围，将会反过来导致经营绩效下滑，甚至危及自身传统核心业务的竞争实力，对企业信用评级造成负面影响。③

因此，该假设的第三个子假设为：

假设2c：企业非相关多元化战略水平对债券信用评级存在倒“U”型影响。

---

① 张卫国，姜继良，罗军．基于企业资源的非相关多元化战略扩张研究［J］．科技进步与对策，2007（6）：97-100.

② 喻缨，霍国庆．中国制造业企业非相关多元化经营绩效的实证研究［J］．科学学与科学技术管理，2007（5）：117-121.

③ 李志辉，李梦雨．我国商业银行多元化经营与绩效的关系——基于50家商业银行2005—2012年的面板数据分析［J］．南开经济研究，2014.（1）：74-86.

3.1.2 多元化战略、违约风险与债券融资成本

3.1.2.1 多元化战略与违约风险

安索夫提出的多元化战略被认为是提高资源配置效率、建立竞争优势和降低经营风险的有效方法。①② 但目前学者们针对多元化战略对企业的影响这一问题还未形成统一意见，主流观点包括多元化折价论（Stulz & Lang，1993；Berger & Ofek，1995；Servaes，1996）③④⑤ 和多元化溢价论（Campa & Kedia，2002）⑥。

多元化折价论是基于代理成本的观点提出的。由于现代企业所有权与管理权分离的特点，管理层可能为了实现个人利益而实行机会主义行为，以股东利益的损害为代价，盲目地进行多元化扩张。基于这一观点，多元化战略能够从以下两方面满足管理者对个人利益的追求：一方面，多元化战略增加了管理层可支配的资源，强化了管理层对企业资源的控制能力，从而便于管理层获得公司特权、追求自身利益（Jensen，1986；Stulz，

① Ansoff H. I. Strategies for diversification ［J］. Harvard Business Review，1957，35（5）：113-124.

② 姚俊，吕源，蓝海林. 我国上市公司多元化与经济绩效关系的实证研究［J］. 管理世界，2004（11）：119-125.

③ Stulz R. M.，Lang L. H. P. Tobin's q，corporate diversification and firm performance［M］. Cambridge，MA：National Bureau of Economic Research，1993.

④ Berger P. G.，Ofek E. Diversification's effect on firm value［J］. Journal of Financial Economics，1995，37（1）：39-65.

⑤ Servaes H. The value of diversification during the conglomerate merger wave［J］. The Journal of Finance，1996，51（4）：1201-1225.

⑥ Campa J. M.，Kedia S. Explaining the diversification discount［J］. The Journal of Finance，2002，57（4）：1731-1762.

1990)；[①②] 另一方面，多元化扩张提升了企业对管理人才的需求，有利于降低管理者的失业风险（Amihud & Lev，1999）。[③] 由于我国当前公司治理法律制度还不够完善，企业内部治理水平不高，导致代理问题在我国企业治理中仍普遍存在。因此，多元化战略常常被管理层当作实现个人利益的借口。换言之，我国企业的多元化战略在很大程度上并非科学的战略选择，而是被管理层作为谋取个人利益的手段。[④] 基于上述管理层与股东间利益冲突的视角，当企业拥有较多自由现金流时，管理层将倾向于过度投资，带来营运资金短缺等问题。这些经营风险进一步导致了企业的绩效危机，提升了企业无法偿付债券本息的违约风险，从而侵害了债券购买者的利益。

然而，支持多元化溢价论的研究者认为，企业可以通过多元化战略进行业务布局达到分散和降低经营风险的目的，进行多元化经营的企业能够拥有更加稳定的现金流、更强的经济实力和更好的商业信用，从而降低企业的债务违约风险。[⑤] Tong（2011）提出，进行专业化经营的企业由于其收入来源单一，企业现金流更容易受到经济周期等外部环境的影响，将呈现出较大的波动性。因此，进行专业化经营的企业违约风险更高，对风险和危机的承受能力也更差。当企业由于行业环境发生变化或决策失误等状况陷入财务困境时，回旋的余地更少，更容易面临债务违约的风险。[⑥] Ahn 等（2006）的研究表明，进行多元化经营的企业，由于企业业务分散在不

① Jensen M. Agency costs of free cash flow, corporate finance, and takeovers [J]. American Economic Review, 1986, 76 (2): 323-329.

② Stulz R. M. Managerial discretion and optimal financing policies [J]. Journal of Financial Economics, 1990, 26 (1): 3-27.

③ Amihud Y., Lev B. Does corporate ownership structure affect its strategy towards diversification? [J]. Strategic Management Journal, 1999, 20 (11): 1063-1069.

④ 张纯，高吟．多元化经营与企业经营业绩——基于代理问题的分析［J］．会计研究，2010 (9): 73-77.

⑤ Stulz R. M. Managerial discretion and optimal financing policies [J]. Journal of Financial Economics, 1990, 26 (1): 3-27.

⑥ Tong Z. Firm diversification and the value of corporate cash holdings [J]. Journal of Corporate Finance, 2011, 17 (3): 741-758.

同的行业，各行业业务的发展状况不同，在宏观环境不发生巨大变化情况下，这类企业通常不会出现各行业业务绩效均下滑的现象，因此也更不容易陷入财务困境。① 换言之，多元化能够帮助企业分散经营风险和财务风险，创造更加稳定的现金流，从而降低企业无法偿付本息的违约风险。进行多元化经营的企业应对经济危机、行业环境变化等外部危机的能力更强。从财务角度来看，企业是否进行多元化经营会影响企业的行业结构，并将进一步影响企业现金流的稳定性和企业资产的变现能力。Shleifer 和 Vishny（1989）的研究表明，进行多元化经营能够帮助企业在不利的外部环境下出售流动性强的资产，因此，相较于进行专业化经营的企业，进行多元化经营的企业更能有效避免出现现金流紧缺等状况，降低企业的违约风险。这种优势在重资产行业中体现得更为明显。② 同时，Subramaniam 等（2010）认为，即使在企业出现资金紧缺的情况下，进行多元化经营的企业也能够通过出售多元化业务中的非核心业务来增加企业现金流，缓解资金紧缺的状况。③ 因此，多元化战略不会导致企业经营风险的增加，从而企业发行债券后的违约风险也不会升高。

多元化战略之所以能够对企业债券融资成本产生影响，主要在于其影响了企业对风险的承担能力，风险承担能力进而决定了企业的债券违约可能性。企业的风险类型主要包括企业自身风险和企业所面临的市场风险，其中企业自身风险又包括财务风险和经营风险。市场风险通常外生于企业战略行为本身，占企业整体风险的 20%~30%。④ 多元化战略会影响企业的财务风险及经营风险，进而引起债券违约风险发生变化。由于我国的市

---

① Ahn S., Denis D. J., Denis D. K. Leverage and investment in diversified firms [J]. Journal of Financial Economics, 2006, 79 (2): 317-337.

② Shleifer A. Vishny R. W. A survey of corporate governance [J]. Journal of Finance, 1997, 52 (2): 737-783.

③ Subramanian R., Sachdeva C., Morris S. FDI Outflows from India: An examination of the underlying economics, policies, and their impacts [J]. Indian Insititute of Management Working Paper, 2010, 3 (1): 1-96.

④ 陈莉，张卓．中国上市公司多元化战略及其系统风险研究 [J]．企业经济，2005 (2): 183-185.

场环境较为特殊，与国外学者的研究情境存在差异，除对国外研究者的研究结论进行分析外，本书在表 3-2 中还列举了国内学者的一些研究成果。

表 3-2　多元化战略对企业风险的影响

	多元化战略对企业风险的影响作用	文献支持	企业风险对违约风险的影响
财务风险	+	吴国鼎和张会丽（2015）；魏然（2013）；周春梅（2015）；魏锋和孙晓铎（2008）；李冬妍等（2009）；高浠媚和陈有禄（2015）	+
	倒“U”	王亮等（2009）	倒“U”
经营风险	+	李季鹏（2008）	+
	-	魏锋和孙晓铎（2008）；李冬妍等（2009）	-
市场风险	（外生因素）	余来文和陈明（2007）	+

注：“+”表示随着多元化程度的增加，财务风险/经营风险加剧；随着财务风险/经营风险/市场风险增加，违约风险加剧。“-”表示随着多元化程度的增加，企业经营风险降低；随着经营风险降低，违约风险降低。倒“U”表示随着多元化程度的增加，财务风险先增后降；随着财务风险变化，违约风险也先增后降。

资料来源：作者根据相关资料整理。

从表 3-2 中可以看出，一些研究表明，多元化战略对企业的经营风险和财务风险均有负面影响，会使得企业所面临的风险加剧，企业风险承担和抗冲击能力变差，违约风险的水平上升。①② 另一些研究认为，实施多元化战略会分散企业的经营风险，这能够保证企业拥有稳定的经营实力，

① 吴国鼎，张会丽．多元化经营是否降低了企业的财务风险？——来自中国上市公司的经验证据［J］．中央财经大学学报，2015（8）：94-101.

② 李季鹏．企业多元化战略竞争优势和经营风险分析［J］．区域经济评论，2008（7）：12-13.

以在问题突然发生时及时找到解决方案。①② 因此，处在稳定经营状态中的企业的违约风险也会下降。还有一些研究发现，企业过度多元化会提高杠杆水平，增加企业的财务风险。③ 当企业杠杆率到达一定水平时，企业长期偿债能力将下降，从而对资本成本产生不利影响。此外，市场风险虽然不会受到企业多元化战略的影响，但是对于企业违约风险来说永远是不可避免的因素。虽然国内学者对企业多元化战略会如何影响其风险承担能力得出了不同的结论，但是本书更加倾向于多元化战略对于企业的违约风险存在动态的影响过程，相对于多元化战略水平适中的企业，实行低水平和高水平多元化战略的企业的违约风险更高，只有适度的多元化战略水平才会保证较低的债券违约风险。

据此，本书提出：

假设 3：企业多元化战略对违约风险存在“U”型影响。

同样地，该假设也包含企业整体多元化战略、相关多元化战略和非相关多元化战略三个维度。该假设的第一个子假设为：

假设 3a：企业整体多元化战略水平对违约风险存在“U”型影响。

当前，学者们对于相关多元化战略是提高还是降低了企业的债券违约风险还未形成一致的结论。一方面，相关多元化战略能够产生不同业务单元之间的共同联保效应，减少由于周期性净损失带来的系统风险和收益风险，从而提高企业现金流的稳定性，这有利于降低企业的债券违约风险。④⑤ 另一方面，相关多元化战略提高了企业组织结构的复杂程度，加

---

① 魏锋，孙晓铎．多元化经营对公司风险的影响分析［J］．证券市场导报，2008（6）：63-68.

② 李冬妍，张雯，于富生等．我国企业多元化经营与降低企业风险研究——来自我国上市公司的经验证据［J］．河北经贸大学学报，2009（2）：67-73.

③ 王亮，彭青峰，黄荣顺．多元化速度与企业风险短期关联研究——基于中国制造业上市公司数据的研究［J］．财贸研究，2009（2）：101-106.

④ Bettis R. A., Hall W. K. Diversification strategy, accounting determined risk, and accounting determined return［J］. Academy of Management Journal, 1982, 25（2）: 254-264.

⑤ 卢闯，刘俊勇，孙健，等．控股股东掏空动机与多元化的盈余波动效应［J］．南开管理评论，2011（5）：68-73.

剧企业内部的信息不对称和委托代理问题，提高了企业的整体风险水平，因此，外部债权人可能要求更高的债券融资成本，这对企业造成了沉重的财务负担，增加了企业的债券违约风险。因此，相关多元化战略可能不是简单地正向或者负向影响企业的违约风险，而是与债券违约风险呈“U”型关系，即随着相关多元化战略水平的提高，企业从相关多元化中获得的优势逐渐转变为劣势，其债券违约的可能性也会呈现出先降后升的情况。

据此，假设 3 的第二个子假设为：

假设 3b：企业相关多元化战略水平对违约风险存在“U”型影响。

当前，鲜有研究关注非相关多元化战略与债券违约风险之间的相关关系。一些研究发现，企业能够通过非相关多元化战略将企业的自由现金流投入到高利润水平的行业，实现在主营业务之外开辟高利润业务的目标。企业绩效与风险水平在一定程度上反映了一个问题的两个方面，通常而言，企业绩效好则意味着风险水平低。还有一些学者通过分析企业非相关多元化战略对企业系统风险的影响发现，企业多元化战略的类型显著影响企业的系统风险，其中非相关多元化战略表现出最高的系统风险。① 在控制企业杠杆水平、资本集中度等的影响后，学者们同样得到了类似的结论。② 这些风险因素将使得企业在经济下行或突发危机面前不堪一击，令企业的违约风险水平大大提高。因此，笔者认为，非相关多元化战略与债券违约风险之间也存在非线性关系。

据此，假设 3 的第三个子假设为：

假设 3c：企业非相关多元化战略水平对违约风险存在“U”型影响。

3.1.2.2 违约风险与债券融资成本

不同学者就违约风险对债券融资成本的影响进行了研究，但并未形成

---

① Montgomery C. A., Singh H. Diversification strategy and systematic risk [J]. Strategic Management Journal, 1984, 5 (2): 181-191.

② Barton S. L. Diversification strategy and systematic risk: Another look [J]. Academy of Management Journal, 1988, 31 (1): 166-175.

一致的观点。这些观点的差异主要在于：第一，违约风险对债券融资成本的影响是否显著；第二，违约风险是否对债券融资成本变动发挥了主要作用。Elton（2001）、Collin-Dufresne（2001）等学者认为违约风险对企业发行债券的信用利差不存在显著影响；①② 而另一些学者认为，违约风险显著影响企业的信用利差，且相比于高等级债券，违约风险对于低等级债券信用利差的影响更为显著。

Amato 和 Remolona（2003）发现，信用利差中不仅包含税收、预期违约损失以及流动性溢价等因素，还应该包含不可预期的违约损失溢价。③ 因为若要使得投资组合的预期违约损失等同于其实际违约损失，则需要有能力将足够的债券纳入投资组合的范畴中。然而，通常情况下投资组合的大小是有限的，且不能确保投资者总是能购买到合适的债券。因此，投资组合的风险通常要大于预期违约风险，需要以不可预期的违约风险溢价对其进行补偿。Longstaff 等（2005）的研究结果表明，在信用利差的影响因素中，违约风险的作用不可忽视，其对 AA-AAA 等级债券的信用利差具有 56%的解释力，对 A 等级债券的信用利差具有 71%的解释力，对 BBB 等级债券的信用利差具有 83%的解释力，对投机级债券的信用利差则具有更高的解释力。④ 因此，违约风险因素对信用利差具有较高的解释力，且相较于高等级债券，其对低等级债券的解释力更明显。

然而，另一些研究表明，违约风险并不能作为解释信用利差变动的关键因素。Longstaff 和 Schwartz（1995）的研究结果表明，资产价值及基础

① Elton E. J., Gruber M. J., Agrawal D., et al. Explaining the rate spread on corporate bonds [J]. Journal of Finance, 2001, 56 (1): 247-277.

② Collin-Dufresne P., Goldstein R. S., Martin J. S. The determinants of credit spread changes [J]. Journal of Finance, 2001, 56 (6): 2177-2207.

③ Amato J., Remolona E. The credit spread puzzle [J]. BIS Quarterly Review, 2003 (12): 51-63.

④ Longstaff F. A., Mithal S., Neis E. Corporate yield spreads: Default risk or liquidity? New evidence from the credit default swap market [J]. Journal of Finance, 2005, 60 (5): 2213-2253.

利率而非违约风险能够解释信用利差的变动。[①] Elton 等（2001）[②]、Collin-Dufresne[③] 等学者发现除违约风险外，对信用利差造成影响的因素还包括债券流动性风险、银行利率基准、政府税收、企业破产成本、经济周期、行业差别等因素。Duffie 和 Singleton（1997）、Delianedis 和 Geske（2001）等提出违约风险对信用利差的影响较小，而流动性对信用利差的影响更为关键。[④⑤] 例如，在信用等级 BBB 及以上的美国投资级别债券中，预期违约风险仅能解释信用利差变动的不到 20%。但由于该研究是主要针对投资级别的债券进行的，研究结论并不适用于低级别的债券，因而并不能说明对于低级别的债券而言，违约风险不是影响信用利差的关键因素。[⑥⑦]

上述对比表明，学者们对于违约风险能否解释信用利差变动的主要部分存在较大分歧。其中，不同研究可能由于样本债券的评级不同而得出不同的结论。这是因为相较于低等级的投机型债券，高等级投资型债券的违约风险较小，因而其信用利差可能表现出与违约风险不显著相关的特点；而低等级债券的违约风险较高，其对信用利差的影响可能更为显著。因此，基于不同债券样本选择的研究可能得出不同的研究结论。

笔者认为，违约风险是债券的发行方自身财务经营状况的一种风险表

① Longstaff F. A., Schwartz E. S. A simple approach to valuing risky fixed and floating rate debt [J]. Journal of Finance, 1995, 50 (3): 789-819.

② Elton E. J., Gruber M. J., Blake C. R. A first look at the accuracy of the CRSP mutual fund database and a comparison of the CRSP and Morningstar mutual fund databases [J]. Journal of Finance, 2001, 56 (6): 2415-2430.

③ Collin-Dufresne P., Goldstein R. S., Martin J. S. The determinants of credit spread changes [J]. Journal of Finance, 2001, 56 (6): 2177-2207.

④ Duffie D., Singleton K. J. An econometric model of the term structure of interest-rate swap yields [J]. Journal of Finance, 1997, 52 (4): 1287-1321.

⑤ Delianedis G, Geske R. L.. The components of corporate credit spreads: Default [C] // Default, Recovery, Tax, Jumps, Liquidity, & Market Factors. Working Paper. UCLA, 2001.

⑥ Duffie D., Singleton K. J. An econometric model of the term structure of interest-rate swap yields [J]. Journal of Finance, 1997, 52 (4): 1287-1321.

⑦ Geske R. L., Delianedis G. The components of corporate credit spreads: Default [C] // Default, Recovery, Tax, Jumps, Liquidity, & Market Factors, Working Paper. UCLA, 2001.

现，这种风险信息传递到债券市场后，形成了个人投资者和机构投资者对发债企业主观的一种风险衡量，他们的风险感知决定了资金持有者所能接受的风险报酬率，也决定了发债企业面临的信用利差。违约风险越高，信用利差越高，企业发行债券融资的成本越高；反之，违约风险越小，信用利差越小，企业发行债券融资的成本越低。

本书，本书提出假设 4a：

假设 4a：违约风险对债券信用利差有正向影响。与假设 3 相结合，即违约风险在多元化战略与信用利差之间发挥中介作用。

债券的信用评级表明了企业的违约风险水平和投资者购买企业债券遭受损失的可能性，为投资者判断该债券的风险水平，即购买该企业债券多大程度上能够取得本息提供了评判的标准。因此，债券信用评级的重要参考依据是企业的违约风险，违约风险越低的企业，通过市场的信息传递，越能够获得较高的债券评级，从而对其债券融资成本产生有利影响；而违约风险高的企业，获得的债券评价往往较低，因而其债券融资成本通常较高。

据此，本书提出假设 4b：

假设 4b：违约风险对债券信用评级有负向影响。与假设 3 相结合，即违约风险在多元化战略与信用评级之间发挥中介作用。

债券发行方通常通过企业融资需求、宏观经济及外部市场环境以及市场对于该债券的预期收益率来确定信用利差；企业的债券信用评级作为第三方出具的信用证明，也为投资者判断是否购买企业发行的债券提供了参考依据。信用评级同样对信用利差存在影响。在信用评级机制受到投资者认可的情况下，信用评级越高代表企业违约风险越低，代表风险溢价的信用利差则越低，债券融资成本越低；同理，信用评级越低，代表投资者认为企业违约风险越高，投资者期望获得的收益率弥补就越高，企业的信用利差越高，债券融资成本越高。

据此，本书提出假设 5：

假设 5：企业发行债券的信用评级对信用利差有负向影响。

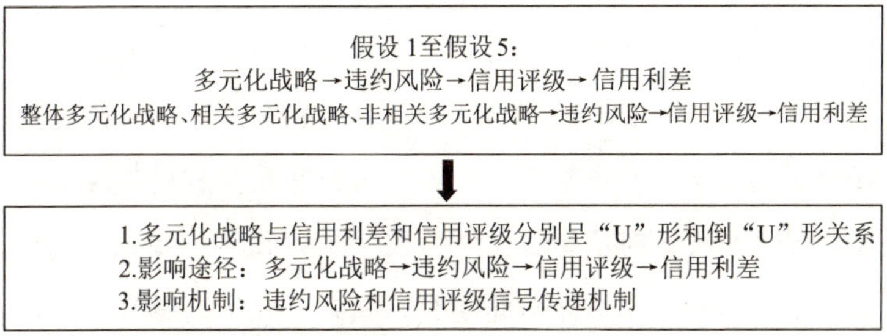

图 3-1　多元化战略对债券融资成本的影响结果、途径和机制

因此，由假设 1 到假设 5 可推断出多元化战略对企业债券融资成本的更为具体的影响结果、途径和机制（见图 3-1）。

3.1.3　产权性质的调节作用

3.1.3.1　产权性质对多元化战略与债券融资成本直接关系的调节作用

国有企业在我国的经济地位非常特殊，与非国有企业相比，国有企业在债券信用利差上能够获得资金持有者更多的信心。殷瑾和周英超（2010）、廖义刚（2015）等的研究发现，多元化战略对不同产权性质企业的债券信用利差存在不同的影响。国有企业由于有了政府信用的背书，实行多元化战略对债券信用利差的影响并不明显。而另一些研究则表明，在外部环境不确定程度较高时，相较于非国有企业，国有企业实行多元化战略对企业经营风险与债券信用利差的降低效果更为明显。①② 国有性质和

① 殷瑾，周英超．制度因素是否影响公司多元化战略？——基于上市公司面板数据的实证研究［J］．中国软科学，2010（2）：371-380.

② 廖义刚．环境不确定性、多元化经营与权益资本成本［J］．财经理论与实践，2015（1）：78-83.

政府支持为国有企业发行债券提供了“外部增信”，从而对国有企业债券发行成本产生有利影响，有助于降低债券的信用利差水平。

另外，国有企业所特有的科层制组织安排往往使得国有企业决策层与管理层之间存在较大的隔阂，拥有决策权的决策层无法了解政策执行情况，而管理层则无法拥有决策权。这种决策权和信息权的冲突，往往使得国有企业领导者在决策时承受着上层的权力压力和自身知识结构所具备的专业权威带来的双向作用力。与此同时，国有企业针对其领导者的过失惩罚机制尚未建立，企业多元化导致的损失通常由国家来承担，而非由企业领导者来负责。因此，国有企业多元化的经营风险通常被过渡到监管部门及相关政府部门。换言之，不论国有企业在多元化战略上“如何折腾”，其背后都有政府信用作为背书，比相同条件下的非国有企业更令资金持有者充满信心，因而投资者对国有企业债券信用利差水平的要求也并不苛刻。

据此，本书提出假设6及其3个子假设。此处对于企业整体多元化战略、相关多元化战略和非相关多元化战略的分析与前述相同，故不再赘述。

假设6：产权性质对企业多元化战略与信用利差之间的关系存在调节作用。与非国有企业相比，产权性质减弱了国有企业的多元化战略与信用利差之间的关系。

假设6a：产权性质对企业整体多元化战略与信用利差之间的关系存在调节作用。与非国有企业相比，产权性质减弱了国有企业整体多元化战略与信用利差之间的关系。

假设6b：产权性质对企业相关多元化战略与信用利差之间的关系存在调节作用。与非国有企业相比，产权性质减弱了国有企业相关多元化战略与信用利差之间的关系。

假设6c：产权性质对企业非相关多元化战略与信用利差之间的关系存在调节作用。与非国有企业相比，产权性质减弱了国有企业非相关多元化战略与信用利差之间的关系。

在我国的特殊情境下，国有企业与非国有企业具有显著差异。[①] 我国国有企业具有政府增信的特点，即国有企业借助国家信用，通过制度建设的改进和完善来弥补市场不足，对自身和其他市场参与者的行为进行规范，提高自身的信用水平和其他参与者对自身的信用评价。因此，相对于没有政府支持的非国有企业而言，有政府作为依托的国有企业通常拥有更高的信用评级，[②] 投资者通常将国有企业及其债券的信用与国家信用联系起来，更加认可国有企业的企业债券和商业信用。[③]

据此，本书提出假设7及其3个子假设。此处对于企业整体多元化战略、相关多元化战略和非相关多元化战略的分析与前述相同，故不再赘述。

假设7：产权性质对企业多元化战略与信用评级之间的关系存在调节作用。与非国有企业相比，产权性质减弱了国有企业的多元化战略与信用评级之间的关系。

假设7a：产权性质对企业整体多元化战略与信用评级之间的关系存在调节作用。与非国有企业相比，产权性质减弱了国有企业整体多元化战略与信用评级之间的关系。

假设7b：产权性质对企业相关多元化战略与信用评级之间的关系存在调节作用。与非国有企业相比，产权性质减弱了国有企业相关多元化战略与信用评级之间的关系。

假设7c：产权性质对企业非相关多元化战略与信用评级之间的关系存在调节作用。与非国有企业相比，产权性质减弱了国有企业非相关多元化

---

① 邓可斌，陈好衍．所有权性质、多元化经营与现金持有［J］．经济经纬，2012（4）：95-99.

② 金浩，张俊丽，李国栋．企业政治关联变化与多元化战略转型绩效关系实证研究［J］．现代管理科学，2016（4）：96-98.

③ 韩鹏飞，胡奕明．政府隐性担保一定能降低债券的融资成本吗？——关于国有企业和地方融资平台债券的实证研究［J］．金融研究，2015（3）：116-130.

战略与信用评级之间的关系。

3.1.3.2 产权性质对违约风险中介效应的调节作用

Wei（2011）和 Yang（2014）的研究表明，国有企业产权通常较非国有企业的产权更为模糊，董事大多数由政府部门任命，政府管理部门对企业决策，尤其是风险决策有着举足轻重的影响。①② 刘星和吴先聪（2011）提出，国有企业董事的任命在很大程度上是一种政治过程，任命董事更多地是出于尊属《公司法》的目的。③ 因此，国有企业董事会在企业决策过程中通常并不存在实质性的作用。并且，国有企业产权模糊性的特征使得董事的权责关系不明确，进一步导致董事较少参与公司决策。因此，国有企业的董事通常不会过于主动地实行多元化战略，更多地遵照相关政府管理部门的指示，以规避可能存在的债券违约风险。此外，国有企业受到政府的隐性担保，其债券违约风险相对较低，因而投资者要求的债券信用利差补偿也较低。

相比之下，非国有企业产权更为明晰，权责更为明确，企业决策直接关系到公司董事的切身利益。因此，企业董事通常会积极行使自身权利，按照自身意愿积极参与企业决策。相比于国有企业，非国有企业的董事通常更愿意主动冒险尝试多元化战略。同时，由于缺乏与政府的政治关联和政治支持，非国有企业一旦遭遇了多元化带来的危机，只能依靠自身的能力去解决，有可能面临经营风险和财务风险，导致债券违约的情况发生，因而投资者往往会要求较高的债券信用利差。因此，产权性质对多元化战略和违约风险之间的关系具有调节作用，而违约风险又在多元化战略和信

---

① Wei Y. H. D. Beyond the GPN - New regionalism divide in China: Restructuring the clothing industry, remaking the Wenzhou model [J]. Geografiska Annaler: Series B, Human Geography, 2011, 93 (3): 237-251.

② Yang C. State-led technological innovation of domestic firms in Shenzhen, China: Evidence from liquid crystal display (LCD) industry [J]. Cities, 2014 (38): 1-10.

③ 刘星，吴先聪. 机构投资者异质性、企业产权与公司绩效——基于股权分置改革前后的比较分析 [J]. 中国管理科学，2011 (5): 182-192.

用利差之间发挥中介作用，实际上产权性质对违约风险的中介作用进行了第一阶段的调节。

据此，本书提出假设8及其3个子假设。这里对于企业整体多元化战略、相关多元化战略和非相关多元化战略的分析与前述相同，故不再赘述。

假设8：产权性质对违约风险在企业多元化战略和信用利差之间的中介作用具有调节作用。与非国有企业相比，产权性质减弱了国有企业违约风险在二者之间的中介作用。

假设8a：产权性质对违约风险在企业整体多元化战略水平和信用利差之间的中介作用具有调节作用。与非国有企业相比，产权性质减弱了国有企业违约风险在二者之间的中介作用。

假设8b：产权性质对违约风险在企业相关多元化战略水平和信用利差之间的中介作用具有调节作用。与非国有企业相比，产权性质减弱了国有企业违约风险在二者之间的中介作用。

假设8c：产权性质对违约风险在企业非相关多元化战略水平和信用利差之间的中介作用具有调节作用。与非国有企业相比，产权性质减弱了国有企业违约风险在二者之间的中介作用。

国有企业的信用评级不仅取决于企业信用状况本身，还取决于其相关政府部门的信用状况和对该国有企业的支持状况。例如，评级单位在对地方性国有企业进行评级之前，通常需要首先对该地方政府的信用状况做出判断。中国的主权评级为A+级，而地方政府的信用评级最高可与中国主权评级相同。在对政府信用评级进行判断基础上，再结合国有企业的自身状况来确定其最终信用评级结果。若国有企业的信用评级低于地方政府的信用评级，但相关信息显示该国企与地方政府密切相关，对于地方经济发展具有重要意义，曾经并且能够持续获得地方政府保障，那么可以采取以地方政府信用评级下调0~3个子等级的方式确定该地方国有企业的信用评级。

一般而言，我国国有企业的信用评级普遍比非国有企业高。这意味着，实施多元化战略的国有企业，一方面可以充分利用多元化战略带来的优势，另一方面又可以通过国家信用消解多元化战略可能带来的风险，由国家信用向资金持有者保证，投资国有企业不会面临债务违约的信用风险。而非国有企业由私人股东所有，尽管有些非国有企业与政府存在一定程度的政治关联，但仍然不能享受到国家信用的背书，因为在信用评级机构和资金持有者的评估中，非国有企业是不能与国家和政府信用划等号的。因此，在其他条件相同的情况下，实施多元化战略对非国有企业造成的违约风险和威胁比国有企业大得多，从而非国有企业的信用评级情况一般也比国有企业差一些。因此，产权性质对多元化战略和违约风险之间的关系具有调节作用，而违约风险又在多元化战略和信用评级之间发挥中介作用，实际上产权性质对违约风险的中介作用进行了第一阶段的调节。

据此，本书提出假设 9 及其 3 个子假设。这里对于企业整体多元化战略、相关多元化战略和非相关多元化战略的分析与前述相同，故不再赘述。

假设 9：产权性质对违约风险在企业多元化战略和信用评级之间的中介作用具有调节作用。与非国有企业相比，产权性质减弱了国有企业违约风险在二者之间的中介作用。

假设 9a：产权性质对违约风险在企业整体多元化战略水平和信用评级之间的中介作用具有调节作用。与非国有企业相比，产权性质减弱了国有企业违约风险在二者之间的中介作用。

假设 9b：产权性质对违约风险在企业相关多元化战略水平和信用评级之间的中介作用具有调节作用。与非国有企业相比，产权性质减弱了国有企业违约风险在二者之间的中介作用。

假设 9c：产权性质对违约风险在企业非相关多元化战略水平和信用评级之间的中介作用具有调节作用。与非国有企业相比，产权性质减弱了国有企业违约风险在二者之间的中介作用。

3.2　研究模型

综上所述，本书提出研究模型图，即“多元化战略—违约风险—债券融资成本”模型（见图 3-2）。该模型中，对多元化战略从三个维度进行衡量，即整体多元化战略水平、相关多元化战略水平和非相关多元化战略水平。债券融资成本从两个维度衡量，即信用利差和信用评级。违约风险在多元化战略与债券融资成本的关系中发挥部分中介作用。产权性质对多元化战略与债券融资成本的关系以及违约风险在多元化战略和债券融资成本之间的中介作用进行调节。上述关系构成了本书的研究模型和研究假设。

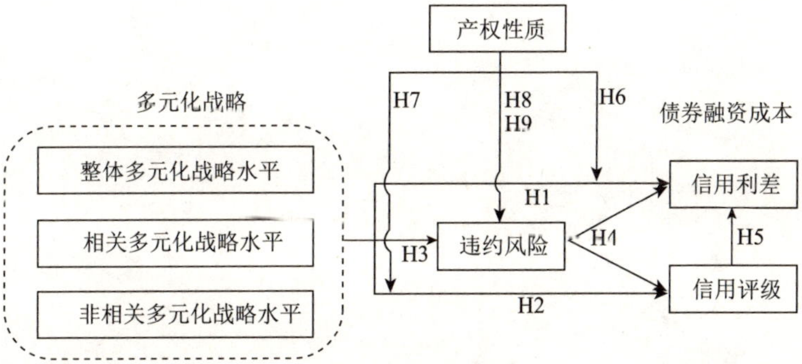

图 3-2　研究模型图

资料来源：作者绘制。

第 4 章

变量测量、数据来源和估计方法

4.1 变量测量

4.1.1 因变量：债券融资成本

4.1.1.1 信用利差

一般而言，企业的债券融资成本主要为向投资者支付的利息，可以将决定利息的利率水平分成两个部分：无风险利率和风险溢价。其中，无风险利率一般用一年期国债利率作为替代，而风险溢价即为信用利差，是资金持有者要求企业对自身承担债券信用风险提供的补偿。由于无风险利率的水平较低，因此，企业的债券融资成本在很大程度上由信用利差决定。相关学者（例如，Kliger 和 Sarig，2000；Ahmed 等，2002；何平和金梦，2010；张淑君，2013；杨晔等，2014；周宏等，2016）通常用该指标衡量企业所发行债券的融资成本。①②③④⑤⑥

① Kliger D., Sarig O. The information value of bond ratings [J]. The Journal of Finance, 2000, 55 (6): 2879-2902.

② Ahmed A. S., Billings B. K., Morton R. M., et al. The role of accounting conservatism in mitigating bondholder-shareholder conflicts over dividend policy and in reducing debt costs [J]. The Accounting Review, 2002, 77 (4): 867-890.

③ 何平，金梦. 信用评级在中国债券市场的影响力 [J]. 金融研究，2010 (4)：15-28.

④ 张淑君. 论信用等级对债券利差的解释作用 [J]. 现代财经—天津财经大学学报，2013 (1)：71-79.

⑤ 杨晔，杨大楷，王鹏，2014 中国投资发展报告 [M]. 上海：上海财经大学出版社，2014.

⑥ 周宏，建蕾，李国平. 企业社会责任与债券信用利差关系及其影响机制——基于沪深上市公司的实证研究 [J]. 会计研究，2016 (5)：18-25.

债券信用利差的具体测量方法是：针对企业发行的每一只债券，选择与其发行时间和到期期限相同的国债，将该债券与国债进行匹配。将债券到期收益率减去与其匹配的国债收益率，即为该企业发行债券的信用利差。① 国债利率可以反映即期利率的变化，是资本市场整体资金供求情况的信号。当国债利率升高时，则即期利率和投资回报率增加，企业未来的价值升高，债券到期无法偿付的违约风险降低，债券的信用利差减少。需要注意的是，本书的重点在研究多元化战略对企业债券融资成本的影响，为了避免内生性中的因果关系模糊问题，本书对多元化战略和相关控制变量都取上一期的数值代入回归模型中。

4.1.1.2 信用评级

根据中国人民银行信用评级管理指导意见（银发〔2006〕95 号）对债券信用等级的划分，本书对债券信用评级的具体赋值如下：AAA 归为第一等级，赋值为 4；AA+为第二等级（+号为在本等级水平上向略高浮动），赋值为 3，AA 级为第三等级，赋值为 2，AA 级以下为第四等级，赋值为 1（见表 4-1）。

表 4-1 债券信用评级划分及其含义

等级	含义
AAA 级	债务偿还能力极强，基本不受恶劣经济环境的影响，违约风险极低
AA 级	债务偿还能力很强，受恶劣经济环境的影响较小，违约风险很低
A 级	债务偿还能力较强，易受恶劣经济环境的影响，违约风险较低
BBB 级	债务偿还能力一般，受恶劣经济环境影响较大，违约风险一般
BB 级	债务偿还能力较弱，受恶劣经济环境影响很大，违约风险较高
B 级	债务偿还能力非常依赖于良好的经济环境，违约风险很高
CCC 级	债务偿还能力极度依赖于良好的经济环境，违约风险极高
CC 级	在破产或重组时可获得的保护较小，基本不能保证偿还债务
C 级	无法偿还债务

资料来源：作者根据相关资料整理。

① 周宏，建蕾，李国平．企业社会责任与债券信用利差关系及其影响机制——基于沪深上市公司的实证研究［J］．会计研究，2016（5）：18-25.

4.1.2　自变量：多元化战略

4.1.2.1　多元化战略的测量方法比较

长期以来，多元化战略一直都是企业战略领域的重要研究内容。然而，由于研究方法的差异，众多学者对于企业多元化战略的研究并未得出一致的结论。① 因此，选择合适的研究方法非常重要，尤其是对于多元化战略水平的测量方法。通常而言，多元化战略水平有两种测量方法：第一，基于国民经济行业分类文件，对行业逐个编码的定量测量方法；第二，对企业的多元化战略进行归类的定性测量方法。前者以基于行业计算得到的数值代表多元化战略的水平，后者将企业多元化战略划分为某种特定的类型。

在连续测量方法中，企业的多元化水平以数值的形式反映出来。主要包括：第一，业务/产品计数法。以 Ansoff（1957）、Penrose（1959）和 Gort（1962）的研究为代表，利用企业产品的种类数、最终产品数、垂直一体化程度、业务领域数、产品集中度（主导业务或主要产品销售份额）、行业数与主营业务或主导产品销售份额的比值等指标来衡量企业的多元化战略水平。②③④ 第二，赫芬达尔指数法（Herfindahl Index）。以 Berry（1971）和 Mcvey（1972）的研究为代表，最初用于测量产业集中化程度，

---

① Palich L. E., Cardinal L. B., Miller C. C. Curvilinearity in the diversification- performance linkage: An examination of over three decades of research [J]. Strategic Management Journal, 2000, 21 (2): 155-174.

② Ansoff H. I. Strategies for diversification [J]. Harvard Business Review, 1957, 35 (5): 113-124.

③ Penrose E. T. The theory of the growth of the firm [M]. Oxford, UK: Oxford University Press, 1959.

④ Gort M. Diversification and integration in American industry [M]. Princeton, NJ: Princeton University Press, 1962.

通过某行业的业务在企业内的销售份额或资产份额比重之和来计算集中程度,①② 为了使赫芬达尔指数与多元化战略水平的方向变动一致，常常把赫芬达尔指数值求倒数或用 1 减去原值。③ 第三，熵指数法（Entropy Index）。以 Jacquemin 和 Berry（1979）的研究为代表，该方法拓展了赫芬达尔指数，将多元化战略进一步细化为行业间和行业内两种多元化战略,④ 熵指数的值越大，表明企业的多元化战略水平愈高。第四，中心指数法（Concentric Index）。以 Caves 等（1981）的研究为代表，以企业的业务比重与业务距离相乘，得出多元化程度（中心化程度）。⑤ 第五，多样性方法（Diversity）。以 Lamont 和 Polk（2002）的研究为代表，与行业基准的企业特征作对比，采用目标企业与基准企业之间一些特征的标准差指标来测量多元化水平。⑥ 第六，专业化率法（Specialization Ratio）。专业化率从反面衡量企业多元化战略水平，专业化率越高代表企业多元化战略水平越低。

在战略归类方法中，企业多元化战略水平通过某种分类标准来衡量。主要包括：第一，Wrigley（1970）的多元化战略分类。⑦ 战略分类法首先确定企业产品是否分享相关的技术特征和产品特征或分销渠道，再根据产品的相似性确定产品组合、技术和市场相似程度，最后再计算企业的专业化比率、相关度比率和纵向一体化比率，通过这些比率衡量企业的多元化

---

① Berry C. H. Corporate growth and diversification [J]. Journal of Law and Economics, 1971, 14 (2): 371-383.

② McVey J. S. The industry diversification of multi-establishment manufacturing firms: A developmental study [J]. Canadian Statistical Review, 1972, 47 (4): 112-117.

③ 孙俊华，刘海建. 多元化战略测量方法论及其在中国情境下的应用研究 [J]. 科学学与科学技术管理, 2008, 29 (1): 33-41.

④ Jacquemin A., Berry C. Entropy measure of diversification and corporate growth [J]. Journal of Industrial Economics, 1979, 27 (4): 359-369.

⑤ Caves R. E. Diversification and seller concentration: Evidence from changes, 1963-72 [J]. Review of Economics & Statistics, 1981, 63 (2): 289-293.

⑥ Lamont O. A., Polk C. Does diversification destroy value? Evidence from the industry shocks [J]. Journal of Financial Economics, 2002, 63 (1): 51-77.

⑦ Wrigley L. Divisional autonomy and diversification [M]. Boston, MA: Harvard University, 1970.

战略水平。例如，Wrigley（1970）将企业的多元化战略划分为四种类型，包括单一业务战略、主导业务战略、相关业务战略和非相关业务战略。第二，Rumelt（1975）的多元化战略分类。① Rumelt（1975）的研究以 Wrigley（1970）的研究为基础，将原来的四种多元化战略进一步延伸为九种类型，即将主导业务战略划分为垂直主导战略、约束主导战略、关联主导战略和不相关主导战略四种类型，将相关业务战略划分为约束相关战略和联系相关战略两种类型，将不相关业务战略分为被动不相关战略和并购集团战略两种类型，加上原来的单一业务战略共九种类型。

连续测量方法和战略分类测量法相比，连续测量方法以正式的行业划分标准为依据，通过计算企业在产品、市场、技术等方面的指标衡量多元化战略水平，客观性和可操作性水平较高。战略分类测量法体现了企业在业务上各个方面的相似性和共享性，能够反映出比较全面的多元化战略情况，但是主观性较强、研究操作困难。从文献研究来看，研究者更多选用连续测量方法衡量企业的多元化战略水平。

4.1.2.2 多元化战略的测量方法选择

本书的研究模型设定在中国的特殊管理情境中，包含企业的产权性质变量，因此，在对企业的多元化战略水平进行测量时，必须考虑到在中国情境下的应用效果和操作便利性。根据对上述多元化战略水平测量方法的梳理，显然采用基于行业分类标准的连续测量方法更加简便、合理。如果采用战略归类方法，较易在战略类型的分类方式上引起歧义并造成研究复杂性。因此，这里本书将企业多元化战略分为不同层次的维度，包括整体多元化战略、相关多元化战略和非相关多元化战略三个方面，具体测量方法见表 4-2。

本书的行业分类标准采用国家质量监督检验检疫总局和国家标准化管

① Rumelt R. P. Strategy, structure, and economic performance [M]. Boston, MA: Harvard University Press, 1975.

理委员会在2017年6月联合发布的《国民经济行业分类》（GB/T 4754-2017）标准，即行业门类一位拉丁字母加上门类下面细分的大类两位阿拉伯数字组成的三位代码，例如，在C制造业中，表示医药制造业的代码为C27。共有包括A-T在内的20个行业门类以及从1-97的97个大类。由于部分企业在汇报所处行业时并不规范，因此需要具体甄别和判断企业所属的行业。本书参考贾良定等（2005）的做法，由两位专家独立对样本企业所属的行业门类和大类进行三位数编码，然后再将其结果进行对比，对编码差异进行讨论，最终确定所有样本企业的三位数代码。① 在文献研读的基础上，本书确定了整体多元化战略水平、相关多元化战略水平和非相关多元化战略水平的测量方法（见表4-2）。

表4-2　多元化战略水平测量方法

多元化战略	测量方法
整体多元化战略水平（Diversity）	借鉴赫芬达尔指数法，即 $\text{Diversity} = 1 - \sum_{i=1}^{g} P_i^2$，$P_i$ 为企业第 i 位业务销售收入与总销售收入的比值，g 为企业进入的行业大类数。此处，赫芬达尔指数衡量了企业业务在各个行业中分布的均匀程度
相关多元化战略水平（ReDiver）	借鉴熵指数法，即 $\text{ReDiver} = \sum_{1}^{g} \sum_{i \in sg} (\frac{P_i}{P_g}) \ln \frac{P_g}{P_i}$。其中，$g$ 为公司进入的行业门类数，S_g 表示第 g 个行业门类中所包含的大类数，P_g 为企业的某行业门类的销售收入占总销售收入的比重，P_i 为某门类中的大类的销售收入占该门类的销售收入的比重
非相关多元化战略水平（IrreDiver）	借鉴熵指数法，即 $IrreDiver = \sum_{1}^{G} P_g \times \text{In}(\frac{1}{P_g})$。其中，$g$ 是公司所进入的行业门类数，P_g 为企业的某行业门类的销售收入占总销售收入的比重

资料来源：作者根据相关资料整理。

赫芬达尔指数本来用于测量行业集中度，后来被Berry（1971）和

① 贾良定，张君君，钱海燕，等．企业多元化的动机、时机和产业选择——西方理论和中国企业认识的异同研究［J］．管理世界，2005（8）：94-104.

Mcvey（1972）等用来测量企业的多元化水平。①② 在赫芬达尔指数中，多元化战略水平为企业各个业务的销售收入占总销售收入比重的平方和。赫芬达尔指数值越高，则代表企业的业务集中程度越高。为了使赫芬达尔指数值与多元化战略水平的变动方向相同，本书对赫芬达尔指数进行了改动，即用1减去原来的赫芬达尔指数值。改动之后，多元化战略水平越高，反映在赫芬达尔指数中，就是指数的计算值越大，而当企业专门经营一项业务时，该指数为0。赫芬达尔指数比企业所属的行业数目更能反映企业的整体多元化战略水平，尤其是当企业各项业务之间的比重不均衡时，赫芬达尔指数反映了企业各项业务在行业中的分布均匀程度，而不仅仅是企业所跨行业的数量。因此，赫芬达尔指数对企业的整体多元化战略水平的刻画更为精确。

对于相关多元化战略水平和非相关多元化战略水平的衡量，本书参考了Palepu（1985）、金晓斌等（2002）、姜付秀（2006）、张敏和黄继承（2009）等的研究，通过收入熵来计算。③④⑤⑥ 与赫芬达尔指数仅能测量企业整体多元化战略相比，通过引入行业分类标准，熵指数可以更进一步地基于企业各个业务之间的关联程度，衡量企业的相关多元化战略和非相关多元化战略水平。具体的测量方法已在表4-2中说明。根据收入熵的计算公式，当ReDiver和IrreDiver的值越大时，表明企业的相关多元化战略和非相关多元化战略的实施水平越高。

---

① Berry C. H. Corporate growth and diversification［J］. Journal of Law and Economics, 1971, 14（2）: 371-383.

② McVey J. S. The industry diversification of multi-establishment manufacturing firms: A developmental study［J］. Canadian Statistical Review, 1972, 47（4）: 112-117.

③ Palepu K. Diversification strategy, profit performance and the entropy measure［J］. Strategic Management Journal, 1985, 6（3）: 239-255.

④ 金晓斌，陈代云．公司特质、市场激励与上市公司多元化经营［J］．经济研究，2002（9）：67-73.

⑤ 姜付秀，陆正飞．多元化与资本成本的关系——来自中国股票市场的证据［J］．会计研究，2006（6）：48-55.

⑥ 张敏，黄继承．政治关联、多元化与企业风险——来自我国证券市场的经验证据［J］．管理世界，2009（7）：156-164.

需要注意的是，虽然相关多元化战略和非相关多元化战略是“一个硬币的两面”，但这并不代表非相关多元化战略的水平就可以基于相关多元化战略水平的计算得到，换言之，非相关多元化战略水平和相关多元化战略水平之间并不一定具有较强的相关性。这是因为，第一，企业可能在经营主导业务的同时，进入相关或非相关的业务领域，实施相关多元化战略或非相关多元化战略；第二，非相关多元化战略涉及企业所属的行业门类，而相关多元化战略则涉及企业经营的行业大类，二者之间实际上关联较小。

4.1.3 中介变量：违约风险

关于违约风险权益定价的模型一般有两类：第一，Merton（1974）提出的结构化模型。在结构化模型中，企业的资产价值、资产结构、债务与股权的动态过程由假设限定，当企业的资产不足以偿付债务时，信用违约就产生了，因此，可以把企业的债务看作资产的一项期权。① 第二，Jarrow 和 Turnbull（1995）提出的模型。在该模型中，企业信用违约的原因不予考虑，而是直接通过外生违约率和违约强度来分析违约过程。②

同时，对于违约风险和违约率主要有两种计算方法：第一，普通债券（不含可转换债券）及高收益债券违约的总市场价值与未清偿债券的市场价值的比值；第二，参考穆迪公司的计算方法，将每个信用等级上违约发行者的数量与全部发行者总数的比值作为违约风险的替代。在该计算方法中，违约的含义是指债券发行企业曾出现过一次没有支付债券利息的情况。

显然，上述对违约风险的计算方法太过复杂，不具备较强的操作性。

① Merton R. C. On the pricing of corporate debt: The risk structure of interest rates [J]. The Journal of Finance, 1974, 29 (2): 449-470.

② Jarrow R. A., Turnbull S. M. Pricing derivatives on financial securities subject to credit risk [J]. The Journal of Finance, 1995, 50 (1): 53-85.

因此，本书参考了 Anderson 和 Reeb（2003）的模型测度企业风险，① 对于企业的违约风险用现金流与债务比例的标准差表示，现金流的充裕度在一定程度上代表了企业的偿债能力和抵抗违约风险能力，具体公式如下：

$$Risk=\sqrt{\frac{\sum\left[(Cashflow/Debt)-(Cashflow/Debt)_{avg}\right]^{2}}{n-1}} \qquad (4-1)$$

4.1.4　调节变量：产权性质

本书通过最终或终极控制人的属性考察产权性质。当企业的实际控制人或第一大股东为国有企业时，企业的各项战略和财务决策都可能会受到国有产权性质的影响。本书以虚拟变量表示企业的产权性质，即如果企业的实际控制人或第一大股东为国有企业时，则对产权性质变量赋值为 1；如果为非国有企业，则对产权性质赋值为 0。

4.1.5　控制变量

本书借鉴了姚俊等（2004）、张敏和黄继承（2009）、黎文靖和郑曼妮（2016）等的研究，选取的控制变量包括企业的净资产收益率、资产负债率、股权集中度、股东规模、企业规模、金融负债比率、利息保障倍数、企业年龄、债券到期日、年份、企业所属行业和企业所在地区等。②③④

---

① Anderson R. C., Reeb D. M. Founding - family ownership and firm performance: Evidence from the S&P 500 [J]. The Journal of Finance, 2003, 58 (3): 1301-1328.

② 姚俊，吕源，蓝海林．我国上市公司多元化与经济绩效关系的实证研究［J］．管理世界，2004（11）：119-125.

③ 张敏，黄继承．政治关联、多元化与企业风险——来自我国证券市场的经验证据［J］．管理世界，2009（7）：156-164.

④ 黎文靖，郑曼妮．实质性创新还是策略性创新？——宏观产业政策对微观企业创新的影响［J］．经济研究，2016（4）：60-73.

4.1.5.1 盈利能力：净资产收益率

通常认为，企业盈利能力与其信用利差呈现正相关，在宏观及市场环境不发生显著变化的情况下，盈利能力强的企业通常收益也更加稳定。已有研究中，学者们运用了净资产收益率、总资产收益率、销售毛利率等众多指标来衡量企业盈利能力。①② 例如，学者们通常使用企业上一时期的总资产收益率或净资产收益率来衡量企业绩效。池国华等（2013）提出，企业下一年度信用利差的评估受到资产报酬率的重要影响。③ 然而，对于哪个指标最能够反映企业的盈利能力尚未有定论。因此，本书沿用以往的文献，选择净资产收益率（ROE）作为控制变量，并在稳健性检验中，将总资产收益率（ROA）作为替代指标来衡量企业的绩效表现。

4.1.5.2 资本结构：资产负债率

在一般情况下，资本结构对企业价值存在影响。现有研究通常认为，当有公司税时，负债会提高企业的信用利差。负债水平的提升也可能导致企业经营风险的提升，从而降低企业收益的稳定性。因此，需要将资产负债率控制在模型中。本书以资产负债率表示公司的资本结构。

4.1.5.3 股权集中度

已有研究表明，股权集中度与企业多元化战略之间存在相关关系。例如，王化成、胡国柳（2005）的研究结果表明，第一大股东持股比例与股

---

① Shen W., Cannella A. A. Revisiting the performance consequences of CEO succession: The impacts of successor type, postsuccession senior executive turnover and departing CEO tenure [J]. Academy of Management Journal, 2002, 45 (4): 717-733.

② Zhang Y., Rajagopalan N. When the known devil is better than an unknown God: An empirical study of the antecedents and consequences of relay CEO ParChiessions [J]. Academy of Management Journal, 2004, 47 (4): 483-500.

③ 池国华，王志，杨金．EVA考核提升了信用利差吗？——来自中国国有上市公司的经验证据［J］．会计研究，2013（11）：60-66.

权集中度会对企业的多元化战略水平产生显著的负向影响。张翼（2005）发现，国有企业不仅股权高度集中，其管理人员还通常由相关政府部门直接任命，因而管理者与股东的利益高度一致。这类企业的股权集中度越高，企业进行多元化战略的成本也将越高。因此，需要对企业的股权集中度加以控制。本书以企业前三大股东的持股比例之和来衡量股权集中度。

4.1.5.4　股东规模

研究发现，股东规模同样与企业多元化战略之间存在相关关系。当企业股东人数较少时，股权融资所能筹集的资金较少，且由于股东力量薄弱，此时的企业通常更倾向于以债券融资的方式筹集资金。当企业股东人数较多时，由于股东力量较大，进行债券融资常常阻力重重，此时的企业将更倾向于采用股权融资的方式筹集资金。因此，需要在模型中对企业的股东规模加以控制。

4.1.5.5　企业规模：员工人数

企业规模对企业信用利差和信用评级的影响方向也应视情况而定。一方面，规模较大的企业通常具备较强的抗风险能力，经营失败的风险较小；另一方面，随着企业规模发展壮大，企业发展速度可能变得缓慢，企业实行多元化战略可能会面临较大的组织惯性，从而对融资成本产生负面影响。企业规模对企业信用利差评价的影响取决于上述两方面的影响哪种占据主导地位。因此，本书以员工人数的对数值来表示公司规模。

4.1.5.6　金融负债比率

金融负债包括短期借款、长期借款、一年到期的非流动负债、应付债券、优先股、优先股应付股利、以市场利率计息的短期应付票据、应付利息、融资租赁引起的长期应付款等，通常是带息负债。将金融负债比率控制在模型中，主要是为了防止金融负债的规模对信用利差和信用评级的影响。

4.1.5.7 利息保障倍数

利息保障倍数通常用于衡量企业的短期偿债能力，以企业息税前利润占利息费用的比重来计算。如果利息保障倍数较大，则表明企业的短期债务偿还能力较强。也就是说，利息保障倍数可以用来衡量发债企业的信用水平，对资金持有者提供警示。因此，将利息保障倍数放入模型中，可以防止企业偿债能力对模型的干扰。

4.1.5.8 企业年龄

企业年龄是企业的成立时间。企业年龄也属于时间序列，如果不加以控制可能会对结果产生干扰，因此本书在这里将企业年龄也控制在模型中，在模型中以天数计量。

4.1.5.9 债券期限

其他因素相同情况下的债券违约风险、到期期限和债券收益率之间的关系通常以利率的期限结构来表示，它能够反映出期限的长短与利率风险补偿之间的相关关系。同样，债券信用风险的期限结构能够反映出其他因素相同情况下，债券期限的长短与信用风险补偿之间的相关关系。因此，在考虑债券违约风险时，与利率的风险因素相同，除考虑信用水平值外，还需要考虑债券发行期限的长短。

4.1.5.10 年份

本书使用了发债企业 2006 年至 2016 年的数据，因此数据结构中存在时间序列。由于同一家企业不同年份的数据可能存在高度的时间序列自相关关系，因此，在模型中，必须加入观测年份作为控制变量加以控制，否则将对模型检验结果产生影响。因此，本书通过虚拟变量对样本企业的经营年份加以控制。在理论模型中，其中一个经营年份赋值为 1，则其他经营年份赋值为 0。

4.1.5.11　企业所属行业

由于不同的行业在竞争强度、行业集中度、利润水平、行业周期效应等方面都存在不同的特点，①②③ 不同行业环境对企业经营等各方面的影响将存在较大差异，因此，不同行业的企业在控制权的配置、生产效率、盈利能力等各方面存在较大的差距。行业中孕育的机会和风险也会对企业的信用利差和信用评级产生积极或消极的作用。

因此，本书将行业作为虚拟变量加入统计分析中。本书根据我国 2017 年发布的国民经济行业分类（GB/T 4754—2017）对样本企业所处的行业进行划分。④ 由于本书的研究样本仅有几百家企业，因此未涵盖国家统计局行业划分标准中的全部 20 个行业，仅包含农林牧渔、采矿业、制造业等 14 个行业。在理论模型中，对其中一个行业赋值为 1，则对其他 13 个行业赋值为 0。

4.1.5.12　企业总部所在地区

企业生产经营还受到企业所处地区环境的影响。首先，企业生产经营受到所处地区经济发展水平和发展阶段的影响；⑤ 其次，企业生产经营还

① 梅波．制度环境、行业周期效应与控制权和现金流权［J］．经济与管理，2013（5）：66-74.

② 周瑜胜，宋光辉．公司控制权配置、行业竞争与研发投资强度［J］．科研管理，2016. 37（21）：122-131.

③ 余颖，陈琦伟．行业集中度与公司控制权市场效率［J］．当代经济科学，2001. 23（2）：7-10.

④ 可参考中华人民共和国国家统计局网站，http：//www.stats.gov.cn/tjsj/tjbz/xzqhdm/201608/t20160809_ 1386477.html。

⑤ 郝敬鑫，徐彪，张珣．区域背景影响企业绩效研究——基于工业制造企业绩效的方差成分分析［J］．华东经济管理，2010（11）：59-64.

受到地区制度环境的影响;① 最后，企业生产经营还不可避免地受到当地文化的影响。② 因此，本书将企业总部所在地区作为虚拟变量加入到统计分析中。本书按照中国国家统计局颁布的区域划分标准对样本企业总部所处地区进行分类。③ 样本企业分布于我国的七大区域，包括华东地区、华中地区、华南地区、华北地区、东北地区、西北地区和西南地区（由于时间及条件限制，本书没有将港澳台地区的企业样本纳入研究范围）。在理论模型中，其中一个地区赋值为 1，则其他 6 个地区赋值为 0。

综上所述，本书中所有变量的定义和取值方法如表 4-3 所示。

表 4-3　变量定义和取值方法

变量类别	变量符号	变量含义	变量取值方法及说明
因变量	*CreSprd*	信用利差	债券利率与同期发行、期限相同的国债利率之差
	CreRatg	信用评级	权威评级机构对债券信用水平的评估
自变量	*Diversity*	整体多元化战略水平	$Diversity = 1 - \sum_{i=1}^{n}$，$P_i^2$ 等于企业第 i 位大类业务的收入与总收入的比值
	ReDiver	相关多元化战略水平	$ReDiver = \sum_{1}^{g}\sum_{i \in s_g}(\frac{P_i}{P_g})\ln(\frac{P_g}{P_i})$，$g$ 为公司所进入的行业门类数，S_g 表示第 g 个行业门类中所包含的大类数，P_g 为企业的某行业门类的销售收入占总销售收入的比重，P_i 为某门类中的某大类的销售收入占该门类的销售收入的比重
	IrreDiver	非相关多元化战略水平	$IrreDiver = \sum_{g=1}^{G} P_g \times \ln(\frac{1}{P_g})$，$g$ 是企业所进入的门类数，P_g 为某门类的销售收入占总销售收入的比重

① 邹国庆，倪昌红．经济转型中的组织冗余与企业绩效：制度环境的调节作用［J］．中国工业经济，2010（11）：120-129.

② 于晓宇．企业违约风险决策的决定因素——基于区域文化的视角［J］．科技进步与对策，2011（18）：69-74.

③ 于晓宇．企业违约风险决策的决定因素——基于区域文化的视角［J］．科技进步与对策，2011（18）：69-74.

续表

变量类别	变量符号	变量含义	变量取值方法及说明
中介变量	DefaultR	违约风险	$Risk = \sqrt{\frac{\Sigma[(Cashflow/Debt)-(Cashflow/Debt)_{avg}]^2}{n-1}}$，即企业现金流与债务比例的标准差
调节变量	Equity	产权性质	企业实际控制人的属性，以虚拟变量表示，如果为国有企业，则赋值为 1；如果为非国有企业，则赋值为 0
控制变量	*ROE*	净资产收益率	企业前一年度的净资产收益率，单位 %
	DAR	资产负债率	企业前一年度的负债总额与资产总额的比率，单位 %
	OwnerC	股权集中度	公司前一年度的前 3 位大股东持股比例之和
	StockN	股东人数	企业前一年度的所包含的董事会总人数
	EmpN	员工总人数	企业前一年度的员工总人数的自然对数
	FiDetRa	金融负债比率	企业前一年度的非流动负债合计 + 短期借贷 + 一年内到期的非流动负债 + 交易性金融负债 + 衍生金融负债）/ 负债合计
	DSCR	利息保障倍数	企业前一年度的息税前利润与利息费用之比
	FirmAge	企业年龄	企业自成立以来的时间，以天数计
	BondP	债券期限	债券距离到期的时间，以年计
	Year	年份	每个观测值所在年度的虚拟变量；每一年度相对于其他年度取 1，其他年度取 0
	Indu	企业所属行业	按照国家的行业分类标准设定的企业所属的行业虚拟变量；每一行业相对于其他行业取 1，其他行业取 0
	Prov	总部所在地区	企业总部所在的省份虚拟变量，每一年份相对于其他年份取 1，其他年份取 0

资料来源：作者根据相关资料整理。

需要注意的是，异常值的存在常常能够影响对变量之间关系的准确判定，因此，为了排除异常值对回归结果的不正常干扰，本书参照张建君和张闫龙（2016）的数据处理方法，对连续变量都使用了 2.5%的缩尾调整（Winsorization）方法，即将样本数据两端 2.5%分位数以下和 97.5%分位数以上都各自重新赋予了 2.5%分位数值和 97.5%分位数值。① Delmar 和 Wiklund（2008）在研究中指出，这样的转换使得数据样本的效度更高，并且不会对原始的数据分布造成过多和不良的影响。②

4.2 数据来源

本书的数据来源为 Wind 资讯金融数据库、国泰安数据库（CSMAR）和中国债券信息网等。所选择的数据收集年限为 2006—2016 年，回避了 2004 年股权分置改革事件前后资本市场的变化。本书初步收集的数据包括 4703 只非浮动利率城投债，包括已到期和尚未到期的债券。接着，本书对 4703 只债券进行了筛选，筛选标准包括：第一，剔除非上市 A 股、综合类、金融类、ST、PT 类企业发行的债券；第二，剔除关键信息缺失的债券，如业务所属领域；第三，剔除存在信息报告错误的债券，如某个业务的收入为当年收入总额的数千倍，量纲发生错误但无法确切考证。在进行了上述数据整理后，本书得到了包含 522 家企业和 1016 个观测值的数据样本。③ 为了消除极端值的影响，本书对所有连续变量的取值进行了 2.5%的缩尾（Winsorize）处理。

就样本结构而言，存在以下特点：第一，每家企业所对应的年份并不完全相同。例如，在样本数据所选取的时间范围内，万科 A 股在 2012 年、2014 年、2015 年和 2016 年都发行了债券，而深振业 A 股只在 2016 年发行

① 张建君，张闫龙. 董事长—总经理的异质性、权力差距和融洽关系与组织绩效——来自上市公司的证据［J］. 管理世界，2016（1）：110-120.

② Delmar F., Wiklund J. The effect of small business managers' growth motivation on firm growth: A longitudinal study［J］. Entrepreneurship Theory & Practice, 2008, 32（3）: 437-457.

③ 金融类企业的性质较为特殊，而综合类企业的属性不够明确，且本身非相关多元化经营的特点较强，故从样本中剔除。

了债券；第二，每家企业每个年份有时对应不止一只债券。例如，万科 A 股在 2015 年发行了三只债券，依次是 15 万科 MTN001（101551083.IB）、15 万科 MTN002（101569033.IB）和 15 万科 01（112285.SZ），因此，本书以债券发行的年份+具体月份作为时间变量进行区分。

为了对数据结构有一个全面的把握，表 4-4 汇报了在执行 2.5%缩尾调整之前的数据结构。从表 4-4 中可以看出本书的数据样本结构具有以下特点。从信用利差的分布来看，大部分样本企业的债券信用利差在 0~5%范围内，占样本总量的 90.16%。这表明，中国发债企业的信用利差总体还是维持在一个比较合理的范围内。从信用评级的分布来看，绝大部分债券都在 AA 级及以上，其中 AA 级债券占比最高，达到 42.13%。

从企业多元化战略来看，在整体多元化战略水平方面，大部分企业的指数在 0~0.6 范围内，比重达到 87.81%。在相关多元化战略方面，83.56%的观测中，企业的相关多元化战略水平在 0~0.15 范围内，12.67%处于 0.15~0.3 的范围内，这表明大多数企业开展的相关多元化战略水平都保持在中低层次。在非相关多元化战略方面，95.65%的情形中，企业的非相关多元化战略实施水平在 0~0.4，这表明大多数企业的非相关多元化战略水平也维持在中低层次。

在违约风险方面，可以看到，84.35%的观测中，企业的现金/负债比率的标准差都在 50%以下，这表明大部分企业违约风险水平较低，这些企业的抗风险和抗冲击能力较强。在产权属性方面，55.57%的观测值属于国有企业，可见我国国有企业在发行债券融资上比非国有企业更加积极，这与国有企业在发行债券融资上具有便利有很大关系。

从净资产收益率来看，从 2006 年到 2016 年，样本企业遭遇了亏损的情形仅有 4.82%；54.53%的观测中，样本企业的资产收益率在 0~10%；在 40.65%的观测中，样本企业的资产回报率超过了 10%。这表明我国企业普遍获得了较合理的资本回报率。

表 4-4　数据样本结构

名称	范围	频数	频率	名称	范围	频数	频率
信用利差	0%(含)以下	64	6.29%	省份	华东地区	290	28.54%
	0~5%(含)	916	90.16%		华南地区	183	18.01%
	5%以上	36	3.74%		华中地区	96	9.45%
信用评级	AA 级以下	22	2.16%		华北地区	282	27.76%
	AA 级	428	42.13%		东北地区	48	4.72%
	AA+级	242	23.82%		西北地区	47	4.63%
	AAA 级	324	31.89%		西南地区	68	6.69%
整体多元化战略水平	0~0.3(含)	689	67.81%	行业	农林牧渔	6	0.60%
	0.3~0.6(含)	202	20.00%		采矿业	82	8.15%
	0.6~1(含)	125	12.38%		制造业	440	43.74%
相关多元化战略水平	0~0.15(含)	844	83.56%		电力、热力、燃气及水生产和供应业	73	7.26%
	0.15~0.3(含)	128	12.67%		建筑业	48	4.77%
	0.3~0.45(含)	29	2.87%		批发和零售业	70	1.39%
	0.45 以上	9	0.89%		交通运输、仓储和邮政业	79	6.96%
非相关多元化战略水平	0~0.2(含)	813	80.50%		信息传输、软件和信息技术服务业	23	2.29%
	0.2~0.4(含)	153	15.15%		房地产业	145	14.41%
	0.4~0.6(含)	29	2.87%		租赁和商务服务业	13	1.29%
	0.6 以上	15	1.49%		科学研究和技术服务业	2	0.20%

续表

名称	范围	频数	频率	名称	范围	频数	频率
净资产收益率	0(含)以下	49	4.82%	行业	水利、环境和公共设施管理业	13	1.29%
	0%~10%(含)	554	54.53%		卫生和社会工作	1	0.10%
	10%~20%(含)	376	37.01%		文化、体育和娱乐业	8	7.95%
	20%~30%(含)	33	3.25%	违约风险	0.5~1(含)	159	15.65%
	30%以上	4	0.39%		0~0.5(含)	857	84.35%
资产负债率	0~20%(含)	44	4.33%	产权性质	国有企业	559	55.57%
	20%~40%(含)	138	13.58%		非国有企业	457	45.43%
	40%~60%(含)	345	33.96%	股权集中度	0~25%(含)	18	0.80%
	60%~80%(含)	416	40.94%		25~50%(含)	0	0
	80%~100%(含)	73	7.19%		50~75%(含)	0	0
员工人数	5000人(含)以下	396	38.98%		75~100%(含)	998	99.20%
	5000人至1万人(含)	222	21.85%	股东人数	5000人以下(含)	23	2.26%
	1万人至5万人(含)	287	28.25%		5000~1万人(含)	15	1.47%
	5万人至10万人(含)	52	5.12%		1万~5万人(含)	372	36.61%
	10万人以上	59	5.81%		5万人以上	606	59.66%
金融负债比率	0~0.25(含)	101	9.94%	利息保障倍数	1~5倍(含)	645	37.62%
	0.25~0.5(含)	301	29.63%		6~10倍(含)	198	62.38%
	0.5~0.75(含)	408	40.16%		11~15倍(含)	54	7.19%
	0.75以上	206	20.28%		15倍以上	119	7.19%

续表

名称	范围	频数	频率	名称	范围	频数	频率
债券期限	2~5年(含)	815	80.22%	企业年龄	2~3年(含)	260	25.59%
	5~10年(含)	198	19.49%		3~4年(含)	649	63.88%
	10年以上	3	0.30%		4年以上	107	10.53%

注:1. 按照中华人民共和国行政区划,我国可划分为七大区域,分别是华东区域(上海市、山东省、江苏省、浙江省、安徽省、江西省、福建省)、华南区域(广东省、广西壮族自治区、海南省)、华中区域(湖北省、湖南省、河南省)、华北区域(北京市、天津市、河北省、山西省、内蒙古自治区)、东北区域(黑龙江省、吉林省、辽宁省)、西北区域(陕西省、甘肃省、青海省、宁夏回族自治区、新疆维吾尔自治区)以及西南区域(重庆市、四川省、贵州省、云南省、西藏自治区)。行政区划可以参考中华人民共和国国家统计局截至2015年9月30日的最新区划版本。本书因为数据样本的有限性,未将香港特别行政区、澳门特别行政区和台湾省的数据包含在内,特此说明。2. 按照我国2017年发布的国民经济行业分类(GB/T 4754—2017),我国现在共有20个行业,本书只涉及其中14个行业。

资料来源:作者根据相关资料整理。

从资产负债率来看，样本企业的选择较为多样：4.33%的观测中，企业选择低负债运营，其资产负债率在 20%以下；47.54%的观测中，企业选择在 20%～60%的水平上负债经营；在将近 48.13%的情形中，样本企业采用了高杠杆率，负债率达到 60%以上。这表明大多数企业的资产负债率都保持在合理的范围内，能够对债务资金善加利用。

在股权集中度方面，绝大多数情形下，样本企业的股权集中度达到了 75%以上，企业中的大部分股权集中在了前三位大股东手中。仅有 0.8%的情形中，企业的股权集中度低于 25%。需要注意的是，样本企业的股权集中度并未出现在 25%～75%这个区间中，这表明，这些企业股权集中度的两极分化现象较为严重。

从股东人数来看，3.73%的情形中，样本企业拥有的股东人数在 1 万人以下；36.61%的企业股东人数在 1 万～5 万人；企业股东人数在 5 万人以上的观测最多，占比 59.66%。虽然这个数字并不是基于横截面板，企业在统计期间也会经历扩张和发展，但仍然可以看出，大部分企业的股东人数还是比较多的。

从企业规模来看，2006—2016 年，38.98%的观测中，企业的员工不足 5000 人；21.85%的观测中，企业的员工人数在 5000～1 万人；28.25%的情形中，员工人数在 1～5 万人；仅有 10.93%的情形中，企业的员工人数超过了 5 万人。根据我国在 2011 年制定的《中小企业划型标准规定》，仅就员工人数而言，样本企业的规模中以大型和中型企业居多，超大型企业较少，巨型企业形态尚不多见。

从金融负债比率来看，40.16%的情形中，企业的金融负债比率在 0.5～0.75；39.57%的情形中，企业的金融负债比率较低，在 0～0.5；还有 20.28%的观测中，企业的金融负债比率超过了 0.75。从企业年龄来看，63.88%的观测中，发债企业的成立时间在 3～4 年，新创企业和成熟企业占比较少。这表明，大多数企业在成长期通过发行债券筹措资金，以满足发展需求的情况比较常见。从债券期限来看，在 80.22%的观测中，债券在 2~5 年之内到期；5~10 年到期的债券占比 19.49%；10 年以上长期债券很少出现。这表明，大多数发债企业更加偏好中期偏短的债券。

从我国样本企业总部所处的省份来看，可以看出，华东地区和华北地区企业在 2006—2016 年发行的债券共占比 56.30%，超过这些年所有债券发行总量的半数，这和我国华东和华北地区经济较为发达以及企业历史悠久关系密切。华南地区和华中地区的企业发行的债券数量分别占比 18.01%和 9.45%；东北地区、西北地区和西南地区的企业债券发行数量最少。正是由于样本企业在各个地区的情况差异较大，因此在后文的研究模型中，本书对样本企业的总部所处地区进行了控制。

从发债企业所处的行业来看，可以发现制造业所占比重最高，为 43.74%；房地产企业占比 14.41%，位居第二；其他涉及的 12 个行业占比均未超过 10%。与制造业企业发行的债券数量相比，其他行业中的企业发行的债券数量占比微乎其微。这和我国在改革开放政策下和由计划经济向市场经济转型的过程中大力发展第二产业有很大关系。

综上所述，本书的数据样本结构初步反映了 2006—2016 年发债企业的一些特点，提示了对于中国企业实施多元化战略，必须认识到的与债券融资成本和违约风险相关的一些问题，当然更为深层次的观点提出还需要依靠假设检验的发现以及由此引发的讨论。

4.3 估计方法

除主效应外，本书还包含了正向关系、负向关系、中介效应、调节效应和被调节的中介效应组合，涉及变量之间复杂的影响过程和机制。由于检验中介效应、调节效应和被调节的中介效应的方法比较多，本书特此说明所应用的检验方法及其思路。

4.3.1　U 型效应

"U"型效应可以看作一种由自变量充当调节变量的特殊的调节效应。Edwards 和 Lambert（2007）提出了一般分析框架中的调节路径分析方法（Moderated Path Analysis）。[①] 该分析框架被认为是一种全效应调节模型，因为其能够完整地分析中介效应模型中自变量与中介变量之间、中介变量与因变量之间以及自变量与因变量之间所有可能路径上的调节效应，从而揭示出调节效应发生的具体路径。本书使用这一分析框架来验证假设 1、假设 2 和假设 3。回归方程（4-2）与回归方程（4-3）为该调节路径分析方法的两个常用回归方程：（本书对所有变量均进行了中心化处理，因而回归方程中不再包含常数项，下同）

$$Y = a_1X + a_2M + a_3Z + a_4XZ + a_5MZ + \varepsilon_1 \tag{4-2}$$

$$M = b_1X + b_2Z + b_3XZ + \varepsilon_2 \tag{4-3}$$

其中，X 为自变量、M 为中介变量，Z 为调节变量。在本书中，调节变量 Z 与自变量 X 为同一变量，即多元化战略，中介变量 M 为违约风险，从而 XZ 为多元化战略与多元化战略的交互项，即多元化战略的二次项，MZ 为违约风险与多元化战略的交互项。

通过方程，可以检验自变量、中介变量、调节变量、自变量与调节变量的交互项，以及中介变量与调节变量的交互项对因变量的总效应，即多元化战略（自变量）、违约风险、多元化战略（调节变量）、多元化战略与多元化战略的交互项（多元化战略的二次项）、违约风险与多元化战略的交互项对债券融资成本的总效应。本书利用回归方程（4-2）探究多元化战略与债券融资成本间的"U"型关系，并利用回归方程（4-3）探究多元化战略与违约风险间的"U"型关系。

① Edwards J., Lambert L. Methods for integrating moderation and mediation: A general analytical framework using moderated path analysis [J]. Psychological Methods, 2007, 12 (1): 1-22.

4.3.2 中介效应

已有研究表明，尽管中介效应的检验普遍存在于国内外研究中，但各研究采取的检验方法间存在较大差异，目前尚未有一种检验方法获得学术界的广泛认可。① 当前国内外研究中，中介效应检验的常用方法主要包括以下几种：逐步检验回归系数法②、检验系数乘积法③、乘积分布法④、非参数百分位 Bootstrap 法⑤⑥、马尔科夫链蒙特卡罗（MCMC）法⑦⑧等。

逐步检验回归系数法是上述几种检验方法中最常见的一种，其原理是通过逐次检验各回归方程中的系数是否为零来判断直接效应、中介效应及总效应是否存在。逐步检验回归系数法原理简单易懂、操作便捷。⑨

本书的综合模型和两个子模型信用利差模型和信用评级模型都包含中介效应模型。中介效应模型中变量间的关系可以用回归方程（4-4）到回归方程（4-6）来表示：

---

① Rucker D. D. , Preacher K. J. , Tormala Z. L. , Petty R. E. Mediation analysis in social psychology: Current practices and new recommendations [J] . Social and Personality Psychology Compass, 2011, 5 (6): 359-371.

② Baron R. M. , Kenny D. A. The moderator-mediator variable distinction in social psychological research: Conceptual, strategic, and statistical considerations [J] . Journal of Personality and Social Psychology, 1986, 51 (6): 1173-1182.

③ Sobel M. E. Asymptotic confidence intervals for indirect effects in structural equation models [A] . In S. Leinhardt (Ed.), Sociological methodology [M] . Washington, DC: American Sociological Association, 1982.

④ Fritz M. S. , MacKinnon D. P. Required sample size to detect the mediated effect [J] . Psychological Science, 2007, 18 (3): 233-239.

⑤ Preacher K. J. , Rucker D. D. , Hayes A. F. Addressing moderated mediation hypotheses: Theory, methods and prescriptions [J] . Multivariate Behavioral Research, 2007, 42 (1): 185-227.

⑥ 温忠麟，刘红云，侯杰泰．调节效应和中介效应分析［M］．北京：教育科学出版社，2012.

⑦ Ntzoufras I. Bayesian modeling using WinBUGS [M] . Hoboken, NJ: Wiley, 2009.

⑧ Yuan Y. , MacKinnon D. P. Bayesian mediation analysis [J] . Psychological Methods, 2009, 14 (4): 301-322.

⑨ Fritz M. S. , MacKinnon D. P. Required sample size to detect the mediated effect [J] . Psychological Science, 2007, 18 (3): 233-239.

$$Y=a_1X+\varepsilon_1 \tag{4-4}$$

$$M=a_2X+\varepsilon_2 \tag{4-5}$$

$$Y=a_3X+a_4M+\varepsilon_3 \tag{4-6}$$

其中，a_i为回归系数，X 为自变量，M 为中介变量，ε_i 为残差。

下面本书以信用利差模型的中介效应检验为例，说明本书利用逐步检验回归系数法对中介效应进行检验的步骤。

第一步：检验回归方程（4-4）中自变量多元化战略的回归系数 a_1是否显著，若该系数显著，则可以按照中介效应进行阐释，并进行后续检验。如果系数不显著，也需要进行后面的检验。

第二步：分别检验回归方程（4-5）和回归方程（4-6）中自变量多元化战略的回归系数 a_2与中介变量违约风险的回归系数 a_4是否显著，若自变量与中介变量的回归系数均显著，则违约风险对多元化战略与信用利差间的关系存在中介作用。

第三步：观察回归方程（4-6）中自变量多元化战略的回归系数 a_3是否显著，若该回归系数显著，表明违约风险对多元化战略与信用利差间的关系存在部分中介作用，若该系数不显著，则说明多元化战略与信用利差间的关系存在完全中介作用。

本书将严格按照上述三个步骤对违约风险的中介效应进行检验。

4.3.3　调节效应

调节变量的存在会对因变量与自变量间关系的方向和强弱产生影响。①由于本书中的自变量多元化战略、因变量债券融资成本与调节变量产权性质均为简单的连续显变量，因此，根据温忠麟等（2005）的观点，本书采用最常见的调节效应模型来探究产权性质对多元化战略与债券融资成本间

① Schumacker R. E., Marcoulides G. A. Interaction and nonlinear effects in structural equation modeling [M]. Mahwah, NJ: Lawrence Erlbaum Associates, 1998.

关系的调节作用,① 该调节效应模型中各变量间关系如回归方程（4-7）和回归方程（4-8）所示：

$$R_1^2: Y=b_1X+\varepsilon_4 \quad (4-7)$$

$$R_2^2: Y=b_2X+b_3U+b_4XU+\varepsilon_5 \quad (4-8)$$

其中，b_i为回归系数，X为自变量，ε_i为回归残差项，U为调节变量，其中b_4衡量了产权性质调节效应的大小和方向。

层次回归分析法和交互项偏回归系数检验法是调节效应检验最常见且检验效力相近的两种检验方法。本书参照温忠麟等（2005）的观点，采用层次回归分析法对产权性质的调节效应进行检验，以因变量信用利差为例，具体包括以下三个步骤:②

第一步：将自变量多元化战略和因变量信用利差加入回归模型，得到回归模型的判定系数R_1^2。

第二步：将调节变量产权性质加入上述回归模型中，得出新回归模型的判定系数R_2^2。

第三步：将判定系数R_1^2和新回归模型的判定系数R_2^2进行比较，若R_2^2显著高于R_1^2，且多元化战略与产权性质的交互项系数b_4显著，则调节效应显著；反之，则调节效应不显著。

本书将严格按照上述三个步骤对产权性质的调节效应进行检验。

4.3.4 被调节的中介效应

被调节的中介效应同时包含中介效应与调节效应，是较为复杂的一种效应形式。在被调节的中介效应模型中，违约风险对多元化战略与债务融

① 温忠麟，侯杰泰，张雷．调节效应与中介效应的比较和应用［J］．心理学报，2005，37（2）：268-274.

② 温忠麟，侯杰泰，张雷．调节效应与中介效应的比较和应用［J］．心理学报，2005，37（2）：268-274.

资成本间关系的中介效应是本书考察的重点，即探究多元化战略对债券融资成本的作用机制。其次是产权性质对多元化战略与债券融资成本间关系的调节效应，即对于不同产权性质的企业，多元化战略对债券融资成本影响的大小和方向是否不同。①② 同时，在被调节的中介效应模型中，调节效应分为对前半程的调节效应（第一阶段）和对后半程的调节效应（第二阶段），本书仅探究产权性质对前半程的调节效应，即产权性质对多元化战略与违约风险间关系的作用路径。

根据已有研究的观点，本书认为产权性质对违约风险的中介效应的前半程存在调节效应，即产权性质之所以能够对违约风险的中介效应产生影响，原因在于产权性质对自变量多元化战略与中介变量违约风险间的关系存在调节效应。③ 而由于违约风险对多元化战略与债券融资成本间关系起部分中介作用，因而产权性质还对多元化战略与债券融资成本间关系存在直接的调节效应。该被调节的中介效应模型中各变量间关系如回归方程（4-9）、回归方程（4-10）和回归方程（4-11）所示：

$$Y=a_1X+a_2U+a_3UX+\varepsilon_1 \quad (4-9)$$

$$M=b_1X+b_2U+b_3UX+\varepsilon_2 \quad (4-10)$$

$$Y=c_1X+c_2U+c_3UX+c_4M+c_5MU+\varepsilon_3 \quad (4-11)$$

其中，X 为自变量，U 为调节变量，M 为中介变量，a_i、b_i、c_i 为回归系数，ε_i 为回归残差项。

参照温忠麟和叶宝娟（2014）的检验步骤，参照本书涉及的变量，本

① Baron R. M., Kenny D. A. The moderator-mediator variable distinction in social psychological research: Conceptual, strategic, and statistical considerations [J]. Journal of Personality and Social Psychology, 1986, 51 (6): 1173-1182.

② 温忠麟，张雷，侯杰泰．有中介的调节变量和有调节的中介变量［J］．心理学报，2006 (38): 448-452.

③ 刘东，张震，汪默．被调节的中介和被中介的调节：理论构建与模型检验［C］．见：陈晓萍，徐淑英，樊景立．组织与管理研究的实证方法（第二版）［M］．北京：北京大学出版社，2012.

书用两步对被调节的中介效应进行检验,① 步骤如下:

第一步:检验多元化战略对企业债券融资成本的直接效应是否受到产权性质调节,在对被调节的中介效应进行检验之前,首先通过方程(4-9)查看产权性质与多元化战略的乘积项系数 a_3 是否显著,如果 a_3 显著,则判断产权性质对多元化战略直接效应的调节作用存在,考虑使用方程(4-10)进行后续检验。需要注意的是,此时 a_1 是否显著并不影响判断。

第二步:对系数乘积进行依次检验。先检验方程(4-10)中产权性质与多元化战略的乘积项系数 b_3 是否显著,再检验方程(4-11)中违约风险和产权性质乘积项的系数 c_5 是否显著。如果这两个条件成立,则违约风险的中介效应受到产权性质的调节作用。

综上所述,本书将根据上述两个步骤判断违约风险的中介作用及其中介效应的强度是否受到产权性质的影响,以揭开多元化战略对企业债券融资成本的影响机制。

① 温忠麟,叶宝娟. 有调节的中介模型检验方法:竞争还是替补?[J]. 心理学报,2014(5):714-726.

第 5 章

假设检验与讨论

5.1 描述性统计

在进一步的统计分析之前，需要对数据样本进行描述性统计，有助于对数据样本的特点形成全局性和系统性的掌握与理解。本书首先对研究模型中的自变量、因变量、中介变量、调节变量和控制变量进行描述性统计。如前所述，由于本书的样本是包含时间序列的数据，所以描述性统计是基于观测值（Observation，即每个时间上每家企业的取值），而非基于观测群组（Group of Observation，即每家企业）。需要注意的是，此处汇报的变量描述性统计结果都基于 2.5%的缩尾调整。各个变量的统计结果如表 5-1所示。

在因变量方面，从变量的描述性统计结果中可以看出，在信用利差方面，债券信用利差的平均值是 1.804 个百分点，各只债券之间信用利差的差别较小，范围为-3.87% ~7.5%。在信用评级方面，债券的平均信用评级得分为 2.584，即接近 AA+等级，而且各个债券评级之间的差异较小。本书所选择的债券，信用评级包括从 AAA 级到 AA 级以下的各类债券，样本具有代表性。

在自变量方面，从企业的整体多元化战略水平来看，其平均值为 0.125，中位数为 0.169，最大值为 0.766，各企业之间整体多元化战略水平差异较大，这表明虽然大多数发债企业都实施了一定程度的多元化战略，但是各企业的多元化和专业化程度还是大相径庭；从企业的相关多元化战略水平来看，其平均值为 0.106，中位数为 0.139，最大值为 0.498，各企业之间相关多元化战略水平差异较小，这表明大多数企业的相关多元化战略定位相似；从企业非相关多元化战略水平来看，其平均值为 0.187，中位数为0.143，最大值为0.602，各企业之间非相关多元化战略水平的差异较大，这表明各企业对于自身的非相关多元化战略认识和定位不尽相同，一部分企业留在了与主营业务相关联的行业中，另一部分企业则大规模地进入了与主营业务不相干的行业。

表5-1　变量的描述性统计结果

变量名称	平均值	标准差	中位数	最大值	最小值
因变量					
CreSprd	1.804	1.486	1.580	7.500	-3.870
CreRatg	2.584	0.898	3.000	4.000	1.000
自变量					
Diversity	0.125	117.778	0.169	0.766	0
ReDiver	0.106	46.429	0.139	0.498	0
IrreDiver	0.187	95.927	0.143	0.602	0
中介变量					
DefaultR	0.205	0.205	0.230	1.000	0
调节变量					
Equity	0.767	0.410	1.000	1.000	0
控制变量					
ROE	0.088	0.067	0.087	0.374	-0.430
DAR	0.564	0.187	0.588	0.927	0
OwnerC	53.282	19.876	53.326	98.290	0
StockN	141964.700	205678.900	65498.000	1472013.000	1.000
EmpN	30129.200	76904.410	7290.000	508757.000	98.000
FiDetRa	0.551	0.221	0.574	0.967	0.000
DSCR	14.683	184.303	3.371	3820.517	0.000
FirmAge	1017.367	139.723	1025.5	1242.000	764.000
BondP	5.057	1.786	5.000	15.000	2.000

注：本书的控制变量还包括样本企业所属行业、样本企业总部所属省份、年份等虚拟变量，由于篇幅所限，这些虚拟变量的描述性统计结果未列示于表格中。

资料来源：作者计算。

在中介变量方面，各企业违约风险的平均值为 0.205，该数值代表企业现金流与债务比例的标准差，数值越低，企业的违约风险越低，可见各企业的平均违约风险程度较低，而且各企业之间违约风险的差异较小，普遍处于信用状况较好的状态。在调节变量方面，产权性质的平均值为 0.767，中位数为 1.000，标准差为 0.410，可见本书样本中国有企业比重较大，这也符合当前国有企业更容易获批利用债券筹集资金的现实。

从控制变量来看：①在净资产收益率方面，样本企业的收益率范围为-43%~37.4%，平均净资产收益率约为 8.8%，而且不同样本企业的资产收益率差别较小；②在资产负债率方面，样本企业的资产负债率平均值为 56.4%，范围为 0~92.7%，而且不同企业之间差别较大。这表明大多数样本企业在选择是否借贷经营上较为理性，不会过于依赖自有资金或浪费自身的融资机会和能力，但同时也保证了较强的长期偿债能力和较低的经营风险；③在股权集中度方面，样本企业的平均股权集中度为 53.282%，范围为 0~98.29%，而且不同企业之间在股权集中度上存在较大差异；④在股东人数方面，样本企业的平均股东人数超过 14 万人，不同企业之间差别非常大，样本企业中股东人数（或持股机构数）最少为 1 人，最多则有超过 147 万人；⑤在企业规模方面，本书通过员工人数来衡量样本企业的规模大小，样本企业的平均员工人数约为 3 万人，不同企业的规模差异较大，样本企业中员工人数最少为 98 人，最多则有将近 51 万人；⑥在金融负债比率方面，样本企业的平均金融负债比率为 55.1%，范围为 0~96.7%，不同企业之间虽然存在差异，但是大部分企业在选择金融负债额度上还是较为理性；⑦在利息保障倍数方面，样本企业的平均值为 14.683，不同企业之间差异很大，利息保障倍数的范围为0~3820.517；⑧在企业年龄方面，样本企业的平均成立时间约为 2.79 年，范围为 2.09~3.40 年，从样本中可见大多数企业的成立时间较短；⑨在债券到期时间方面，样本债券的平均到期时间约为 5 年，范围为 2~15 年，不同债券之间差别较大。

5.2 相关分析

为了探究各个变量之间的基本关系，本书接下来利用双侧检验的方法对变量做了相关分析，数据结果见表 5-2 所示。由表 5-2 可以看出，除了自变量的两个维度——企业整体多元化战略水平和企业非相关多元化战略水平——显著正相关（相关系数为 0.689，$p < 0.001$）以外，其他各个变量之间的相关系数值均较低。因此，在后续的回归模型检验中，为了避免自变量之间的高度相关对结果造成干扰，本书将企业多元化战略的三个维度依次代入回归模型，而非一次性全部代入。通过这种方式，可以预判变量之间的相关性和共线性较低，适合进行回归分析。

相关系数检验显示：企业整体多元化战略水平（相关系数为 0.088，$p < 0.01$）和非相关多元化战略水平（相关系数为 0.087，$p < 0.01$）都与信用利差之间呈现显著的正相关关系，而相关多元化战略水平（相关系数为 -0.0002，$p > 0.1$）与信用利差之间的相关关系不显著。另外，企业整体多元化战略水平（相关系数为 0.080，$p < 0.01$）和非相关多元化战略水平（相关系数为 0.079，$p < 0.01$）与信用评级之间也呈现出显著的相关关系。相关多元化战略水平与信用评级之间不相关。这与本书的假设存在出入，需要接下来回归模型的进一步验证。

企业违约风险与企业整体多元化战略水平（相关系数为 0.044，$p > 0.1$）和非相关多元化战略水平（相关系数为 0.044，$p > 0.1$）之间都不存在相关关系，但是与相关多元化战略水平（相关系数为 -0.085，$p < 0.01$）显著相关。同时，企业违约风险与信用利差（相关系数为 0.090，$p < 0.01$）之间存在显著的正相关关系，而和信用评级（相关系数为 -0.272，$p < 0.001$）之间则存在显著的负相关关系。这与本书的假设方向一致。

产权性质与企业整体多元化战略水平（相关系数为0.022，$p > 0.1$）和非相关多元化战略水平（相关系数为0.016，$p > 0.1$）都不存在相关关系，而与企业相关多元化战略水平（相关系数为 -0.079，$p < 0.05$）之间为显著的负相关关系。同时，产权性质与信用利差（相关系数为0.282，$p < 0.001$）之间显著正相关，而与信用评级（相关系数为 -0.520，$p < 0.001$）之间显著负相关。另外，信用评级（相关系数为 -0.400，$p < 0.001$）和信用利差之间存在负相关关系。上述假设都与本书的假设方向一致。

在控制变量方面，本书所采用的所有控制变量都与理论模型中主要的变量之间存在两个以上的显著相关关系。综上所述，从相关关系检验来看，大部分变量之间的关系符合本书的假设，而小部分变量之间的关系则与本书的基本假设不符。因此，还需要进行回归分析以进一步地探究各个变量之间的复杂关系。

表 5-2 变量相关系数表

变量	1	2	3	4	5	6	7	8	9	10	11	12	13	14	15
1. *CreSprd*	1.000														
2. *CreRatg*	-0.400***	1.000													
3. *Diversity*	-0.088**	-0.080**	1.000												
4. *ReDiver*	-0.000	0.022	0.144***	1.000											
5. *IrreDiver*	-0.087**	-0.079**	0.689***	0.127***	1.000										
6. *DefaultR*	0.090**	-0.272***	0.044	-0.085**	0.044	1.000									
7. *Equity*	0.282***	-0.520***	0.022	-0.079*	0.016	0.230***	1.000								
8. *ROE*	-0.092**	0.076*	-0.052+	0.046	-0.064+	0.101***	0.078*	1.000							
9. *DAR*	0.028	0.128***	-0.056+	0.022	-0.059+	0.024	-0.182***	0.031	1.000						
10. *OwnerC*	-0.090**	0.347***	-0.060+	-0.055+	-0.050	-0.040***	-0.191***	0.081*	0.204***	1.000					
11. *StockN*	-0.182***	0.473***	-0.045	0.077*	-0.051	-0.114***	-0.308***	0.007	0.217***	0.227***	1.000				
12. *EmpN*	-0.154***	0.369***	-0.032	-0.038	-0.027	-0.058+	-0.226***	0.032	0.097**	0.381***	0.661***	1.000			
13. *FiDetRa*	0.070*	-0.028	0.002	-0.047	-0.003	-0.389***	-0.076*	-0.088**	0.251***	0.076*	0.042	-0.094**	1.000		
14. *DSCR*	-0.013	0.026	0.012	0.020	0.011	0.062+	0.055+	0.097**	0.041	0.049	-0.020	-0.004	-0.048	1.000	
15. *FirmAge*	0.023	0.024	-0.083**	-0.016	-0.093**	-0.059+	-0.035	0.115***	0.270***	-0.158***	0.043	-0.003	0.003	0.040	
16. *BondP*	0.213***	0.260***	-0.096**	0.035	-0.107**	-0.136***	-0.235***	0.149***	0.033	0.256***	0.198***	0.252***	0.073*	0.045	0.045

注：***、**、*和+依次表示在0.001、0.01、0.05和0.1的显著性水平上显著。本书的控制变量还包括样本企业所属行业、样本企业总部所属省份、年份等虚拟变量，由于篇幅所限，这些虚拟变量的相关性检验结果未列示于表格中。

资料来源：作者计算。

5.3　回归分析

接下来为了验证本书的研究模型与研究假设，本书使用回归分析方法对变量之间的关系进行检验。本书使用 Stata14.0 软件进行回归分析。由于本书各个变量的取值量纲差异较大，所以在进行下一步实证分析之前，对所有变量的取值都进行了标准化。与假设提出的顺序不同，基于数据检验的便利性，本书将假设归为三个子模型的检验，即信用利差模型、信用评级模型和综合模型。

5.3.1　信用利差模型的检验

首先，本书对信用利差子模型进行了回归分析。模型 1 仅包含控制变量，以检验控制变量与信用利差之间的关系以及本书控制变量的选择是否有效。模型 2 到模型 4 检验了企业整体多元化战略水平、相关多元化战略水平、非相关多元化战略水平和信用利差之间的关系。回归分析结果如表 5-3 所示。

5.3.1.1　主效应检验

由表 5-3 的模型 1 可以看出，在控制变量中，上一期净资产回报率、资产负债率、股权集中度、股东规模、金融负债比率、利息保障倍数、企业年龄等变量在回归分析中的系数显著，表明模型的大部分干扰因素都得到了有效的控制。

假设 1 认为企业多元化战略与债券信用利差呈“U”型关系，具体表现在企业多元化战略的三个维度——整体多元化战略水平、相关多元化战略水平和非相关多元化战略水平与债券信用利差之间为“U”型关系。因此，本书构建了以下回归方程（篇幅所限，此处省略了多元化战略水平的一次项式和控制变量，下同）：

$$CreSprd = a_1\ Diversity \times Diversity + \varepsilon_1 \quad (5-1)$$

$$CreSprd = a_2\ ReDiver \times ReDiver + \varepsilon_2 \quad (5-2)$$

$$CreSprd = a_3\ \mathrm{IrreDiver} \times \mathrm{IrreDiver} + \varepsilon_1 \quad (5-3)$$

为了验证假设 1，本书将这三类多元化程度纳入模型 2 到模型 4。结果显示，整体多元化战略水平的平方对信用利差的回归系数（β 整体多元化战略=0.017，$p<0.01$）和非相关多元化战略水平的平方对信用利差的回归系数（β 非相关多元化战略=0.019，$p<0.001$）符号为正，而且非常显著，表明整体多元化战略水平和非相关多元化战略水平与信用利差之间有显著的“U”型关系。上述结果与本书的假设预期相符。

表 5-3 信用利差模型主效应回归分析结果

变量名称	DV：CreSprd			
	Model 1	Model 2	Model 3	Model 4
Diversity * Diversity		0.017 ** (0.005)		
ReDiver * ReDiver			−0.001 (0.010)	
IrreDiver * IrreDiver				0.019 *** (0.006)
ROE	−0.107 *** (0.031)	−0.113 *** (0.031)	−0.111 *** (0.031)	−0.114 *** (0.031)
DAR	0.022+ (0.040)	0.008 (0.041)	0.015 (0.041)	0.008 (0.041)
OwnerC	−0.076 (0.037)	−0.085 * (0.038)	−0.081 * (0.039)	−0.084 * (0.382)
StockN	−0.186 (0.043)	−0.188 *** (0.043)	−0.190 *** (0.043)	−0.190 *** (0.043)
EmpN	−0.065 (0.046)	−0.060 (0.046)	−0.061 (0.047)	−0.060 (0.046)

续表

变量名称	DV：CreSprd			
	Model 1	Model 2	Model 3	Model 4
FiDetRa	0.037* (0.037)	0.039 (0.037)	0.039 (0.037)	0.038 (0.037)
DSCR	−0.029+ (0.200)	−0.027 (0.029)	−0.029 (0.030)	−0.027 (0.029)
FirmAge	0.028* (0.034)	0.018 (0.034)	0.027 (0.034)	0.018 (0.034)
BondP	0.330 (0.032)	0.328*** (0.032)	0.334*** (0.032)	0.328*** (0.032)
Year	控制	控制	控制	控制
Indu	控制	控制	控制	控制
Prov	控制	控制	控制	控制
观测数	1012	1006	1005	1005
F 值	4.520	4.66	4.45	4.66
R^2	0.231	0.241	0.233	0.241
R^2 变化值	0.180	0.189	0.180	0.189

注：①括号中是回归系数标准误。②***、**、*和+依次表示在 0.001、0.01、0.05 和 0.1 的显著性水平上显著。

资料来源：作者计算。

结果还显示，相关多元化战略水平的平方对信用利差的回归系数（β 相关多元化战略=−0.001，p > 0.1）并不显著，表明相关多元化战略水平与信用利差之间的关系并不显著。综合来看，结果支持了假设 1a 和假设 1c，而假设 1b 没有得到回归结果的支持。

5.3.1.2　中介效应检验

假设 3 认为，企业多元化战略（整体多元化战略、相关多元化战略、非相关多元化战略）对债券违约风险存在“U”型影响。结合假设 4a，即违约风险在企业多元化战略和信用利差的关系中发挥了中介作用。因此，本书构建了如下的回归方程进行检验：

$$DefaultR = a_1Diversity \times Diversity + \varepsilon_1 \tag{5-4}$$

$$DefaultR = a_2ReDiver \times ReDiver + \varepsilon_2 \tag{5-5}$$

$$DefaultR = a_3IrreDiver \times IrreDiver + \varepsilon_2 \tag{5-6}$$

$$CreSprd = a_4Diversity \times Diversity + a_5Diversity \times Diversity \times DefaultR + a_6DefaultR + \varepsilon_4 \tag{5-7}$$

$$CreSprd = a_7ReDiver \times ReDiver + a_8ReDiver \times ReDiver \times DefaultR + a_9DefaultR + \varepsilon_5 \tag{5-8}$$

$$CreSprd = a_{10}IrreDiver \times IrreDiver + a_{11}IrreDiver \times IrreDiver \times DefaultR + a_{12}DefaultR + \varepsilon_6 \tag{5-9}$$

为了验证假设 3 和假设 4*a*，本书将这三类多元化战略纳入模型 5~7。结果显示，整体多元化战略水平的平方（β 整体多元化战略=0.012，$p<0.01$）和非相关多元化战略水平的平方（β 非相关多元化战略=0.011，$p<0.05$）对违约风险的回归系数显著为正，企业相关多元化战略水平的平方（β 相关多元化战略=0.004，$p>0.1$）对违约风险的回归系数并不显著，这表明企业整体多元化战略和非相关多元化战略与企业的违约风险存在“U”型关系，这与本书的假设相符，企业相关多元化战略与违约风险没有显著关系。

表 5-4　信用利差模型中介效应回归分析结果

变量名称	DV：DefaultR			DV：CreSprd		
	Model 5	Model 6	Model 7	Model 8	Model 9	Model 10
Diversity * Diversity	0.012 ** (0.004)					
ReDiver * ReDiver		0.004 (0.007)		0.018 *** (0.005)	−0.002 (0.010)	
IrreDiver * IrreDiver			0.011 * (0.004)			0.020 *** (0.006)
DefaultR				0.177 *** (0.044)	0.175 *** (0.044)	0.178 *** (0.044)
ROE	0.069 ** (0.023)	0.069 ** (0.023)	0.069 (0.023)	−0.125 *** (0.031)	−0.123 *** (0.031)	−0.126 *** (0.031)

续表

变量名称	DV：DefaultR			DV：CreSprd		
	Model 5	Model 6	Model 7	Model 8	Model 9	Model 10
DAR	0. 140 *** (0. 030)	0. 137 *** (0. 030)	0. 139 (0. 030)	−0. 017 (0. 041)	−0. 009 (0. 041)	−0. 016 (0. 041)
OwnerC	0. 103 *** (0. 028)	0. 100 *** (0. 028)	0. 103 (0. 028)	−0. 104 ** (0. 038)	−0. 099 ** (0. 038)	−0. 102 ** (0. 038)
StockN	−0. 040 (0. 031)	−0. 038 (0. 032)	−0. 040 (0. 031)	−0. 181 *** (0. 046)	−0. 183 *** (0. 043)	−0. 183 *** (0. 042)
EmpN	−0. 060 + (0. 034)	−0. 061 + (0. 034)	−0. 060 (0. 034)	−0. 049 (0. 042)	−0. 051 (0. 046)	−0. 050 (0. 050)
FiDetRa	−0. 473 *** (0. 027)	−0. 474 *** (0. 027)	−0. 473 (0. 027)	0. 122 ** (0. 042)	0. 122 ** (0. 043)	0. 122 ** (0. 042)
DSCR	0. 023 (0. 022)	0. 023 (0. 022)	0. 023 (0. 022)	−0. 031 (0. 029)	−0. 033 (0. 030)	−0. 031 (0. 029)
FirmAge	−0. 019 (0. 025)	−0. 022 (0. 025)	−0. 020 (0. 025)	0. 021 (0. 034)	0. 031 (0. 043)	0. 021 (0. 034)
BondP	−0. 051 * (0. 023)	−0. 051 * (0. 023)	−0. 051 (0. 023)	0. 033 *** (0. 032)	0. 343 *** (0. 032)	0. 337 *** (0. 032)
Year	控制	控制	控制	控制	控制	控制
Indu	控制	控制	控制	控制	控制	控制
Prov	控制	控制	控制	控制	控制	控制
观测数	1006	1005	1005	1006	1005	1005
F 值	17. 630	17. 600	17. 610	4. 910	4. 690	4. 910
R^2	0. 545	0. 545	0. 545	0. 253	0. 245	0. 254
R^2 变化值	0. 514	0. 514	0. 514	0. 202	0. 193	0. 202

注：①括号中是回归系数标准误。②***、**、*和+依次表示在 0. 001、0. 01、0. 05 和 0. 1 的显著性水平上显著。

资料来源：作者计算。

接着，在将违约风险和多元化战略的平方项一起放入以信用利差为因变量的回归方程后，企业整体多元化战略水平的平方（β 整体多元化战略 = 0. 018，p < 0. 001）和非相关多元化战略水平的平方(β 非相关多元化战略 = 0. 020，p < 0. 001）对信用利差的回归系数显著为正，违约风险对信

用利差的相应系数也显著为正，表明违约风险在多元化战略与信用利差的关系中发挥了部分中介效应。此处，由于在表 5-3 中相关多元化战略的平方对信用利差的系数并不显著，因此不能得出违约风险在相关多元化战略与信用利差之间发挥完全中介作用的结论。综合来看，结果支持假设 3a、假设 3c 和假设 4a。

5.3.1.3 调节效应检验

第一，产权性质对多元化战略与信用利差之间直接效应的调节。

假设 6 认为，与国有企业相比，非国有企业多元化战略与信用利差的关系更加显著。为了验证假设 6，本书将这三类多元化战略纳入模型 11 到模型 13。本书构建的一组回归方程为：

$$CreSprd = a_1 Diversity \times Diversity + a_2\ Diversity \times Diversity \times Equity + a_3\ Equity + \varepsilon_1 \tag{5-10}$$

$$CreSprd = a_4 ReDiver \times ReDiver + a_5\ ReDiver \times ReDiver \times Equity + a_6\ Equity + \varepsilon_2 \tag{5-11}$$

$$CreSprd = a_7 IrreDiver \times IrreDiver + a_8\ IrreDiver \times IrreDiver \times Equity + a_9\ Equity + \varepsilon_3 \tag{5-12}$$

表 5-5 中结果显示，与表 5-3 中的模型 2 到模型 4 相比，模型 11 到模型 13 的判定系数 R^2 都显著提升。同时，整体多元化战略的平方与产权性质的乘积项（β 整体多元化战略×产权性质 = -0.065，$p<0.1$）、非相关多元化战略水平的平方与产权性质的乘积项（β 非相关多元化战略×产权性质 = -0.009，$p<0.1$）对企业信用利差的回归系数符号为负，而且非常显著，表明整体多元化战略和非相关多元化战略与信用利差的关系受到产权性质的负向调节作用，即当企业为国有企业时，实施整体多元化战略和非相关多元化战略导致信用利差的"U"型关系弱化。

表 5-5　信用利差模型直接调节效应回归分析结果

变量名称	DV：CreSprd		
	Model 11	Model 12	Model 13
Diversity×Diversity	0.233*** (0.092)		
ReDiver×ReDiver		-0.005 (0.018)	
IrreDiver×IrreDiver			0.204*** (0.010)
Diversity×Diversity*Equity	-0.065+ (0.037)		
ReDiver×ReDiver*Equity		-0.001 (0.006)	
IrreDiver×IrreDiver*Equity			-0.009+ (0.004)
Equity	0.233*** (0.024)	0.243*** (0.025)	0.233*** (0.024)
ROE	-0.155*** (0.030)	-0.156*** (0.030)	-0.156*** (0.030)
DAR	0.075+ (0.040)	0.087* (0.040)	0.074+ (0.040)
OwnerC	-0.073** (0.036)	-0.067+ (0.037)	-0.072* (0.036)
StockN	-0.121** (0.041)	-0.125** (0.042)	-0.122** (0.041)
EmpN	-0.053 (0.044)	-0.054 (0.044)	-0.053 (0.044)
FiDetRa	0.000 (0.036)	-0.004 (0.036)	-0.001 (0.035)
DSCR	-0.046 (0.028)	-0.049+ (0.028)	-0.045 (0.028)
FirmAge	0.024 (0.033)	0.040 (0.033)	0.024 (0.033)
BondP	0.373*** (0.031)	0.380*** (0.031)	0.373*** (0.031)
Year	控制	控制	控制

续表

变量名称	DV：CreSprd		
	Model 11	Model 12	Model 13
Indu	控制	控制	控制
Prov	控制	控制	控制
观测数	1003	1002	1002
F 值	6. 72	6. 44	6. 72
R^2	0. 318	0. 309	0. 318
R^2 变化值	0. 271	0. 261	0. 271

注：①括号中是回归系数标准误。②***、**、*和+依次表示在 0. 001、0. 01、0. 05 和 0. 1 的显著性水平上显著。

资料来源：作者计算。

结果还显示，相关多元化战略水平的平方与产权性质的乘积项（β 非相关多元化战略 × 产权性质 =- 0. 001，p > 0. 1）对企业信用利差的回归系数不显著，表明相关多元化战略水平和信用利差之间的关系未受到产权性质的调节作用。综合来看，检验结果支持了假设 6a 和假设 6c，假设 6b 未得到支持。

第二，产权性质对违约风险的中介效应的调节。

假设 8 认为，产权性质对违约风险在企业多元化战略和信用利差之间的中介作用具有调节作用。在检验产权性质对违约风险中介作用的调节效应时，本书构建的一组回归方程为：

$$CreSprd = a_1 Diversity \times Diversity + a_2 Diversity \times Diversity \times Equity + a_3 Equity + a_4 DefaultR + a_5 Equity \times DefaultR + \varepsilon_1 \quad (5-13)$$

$$CreSprd = b_1 ReDiver \times ReDiver + b_2 ReDiver \times ReDiver \times Equity + b_3 Equity + b_4 DefaultR + b_5 Equity \times DefaultR + \varepsilon_2 \quad (5-14)$$

$$CreSprd = c_1 IrreDiver \times IrreDiver + c_2 IrreDiver \times IrreDiver \times Equity + c_3 Equity + c_4 DefaultR + c_5 Equity \times DefaultR + \varepsilon_3 \quad (5-15)$$

表 5-6 中是各变量对中介变量违约风险的回归结果。结果显示，整体多元化战略的平方与产权性质的乘积项（β 整体多元化战略 × 产权性

质 =- 0.011，$p < 0.001$）、非相关多元化战略的平方与产权性质的乘积项（β 非相关多元化战略 × 产权性质 =- 0.012，$p < 0.001$）对违约风险的回归系数符号为负，而且非常显著，表明整体多元化战略和非相关多元化战略与违约风险的关系受到产权性质的负向调节作用，即当企业为国有企业时，实施整体多元化战略和非相关多元化战略导致违约风险的"U"型关系减弱。此处相关多元化战略的平方与产权性质的乘积项（β 相关多元化战略 × 产权性质 =- 0.004，$p > 0.1$）对违约风险的回归系数并不显著。

表 5-6　信用利差模型被调节的中介效应回归分析结果（1）

变量名称	DV：DefaultR		
	Model 14	Model15	Model16
Diversity * Diversity	0.0002（0.009）		
ReDiver * ReDiver		0.014 (0.014)	
IrreDiver * IrreDiver			0.000 (0.008)
Diversity * Diversity * Equity	-0.011 *** (0.003)		
ReDiver * ReDiver * Equity		-0.004 (0.005)	
IrreDiver * IrreDiver * Equity			-0.012 *** (0.003)
Equity	0.056 ** (0.018)	0.060 *** (0.019)	0.057 ** (0.018)
ROE	0.054 * (0.023)	0.052 * (0.023)	0.054 * (0.027)
DAR	0.150 *** (0.030)	0.148 *** (0.030)	0.150 *** (0.030)
OwnerC	0.090 *** (0.028)	0.088 ** (0.028)	0.090 *** (0.028)
StockN	-0.032 (0.031)	-0.030 (0.031)	-0.032 (0.031)

续表

变量名称	DV：DefaultR		
	Model 14	Model15	Model16
EmpN	-0.046 (0.033)	-0.046 (0.033)	-0.047 (0.033)
FiDetRa	-0.496 *** (0.027)	-0.496 *** (0.027)	-0.496 *** (0.027)
DSCR	0.0179 (0.021)	0.018 (0.021)	0.018 (0.021)
FirmAge	-0.025 (0.025)	-0.030 (0.025)	-0.026 (0.025)
BondP	-0.042+ (0.023)	-0.042+ (0.023)	-0.041+ (0.023)
Year	控制	控制	控制
Indu	控制	控制	控制
Prov	控制	控制	控制
观测数	1003	1002	1002
F 值	17.380	17.390	17.380
R^2	0.547	0.547	0.547
R^2 变化值	0.515	0.516	0.515

注：①括号中是回归系数标准误。②***、**、*和+依次表示在 0.001、0.01、0.05 和 0.1 的显著性水平上显著。

资料来源：作者计算。

表 5-7 信用利差模型被调节的中介效应回归分析结果（2）

变量名称	DV：CreSprd		
	Model 17	Model 18	Model 19
Diversity * Diversity	0.017 *** (0.005)		
ReDiver * ReDiver		-0.007 (0.009)	
IrreDiver * IrreDiver			0.018 *** (0.006)
DefaultR	0.153 * (0.068)	0.161 * (0.068)	0.152 * (0.068)

续表

变量名称	DV：CreSprd		
	Model 17	Model 18	Model 19
Equity	0. 234 *** (0. 024)	0. 238 *** (0. 024)	0. 234 *** (0. 024)
DefaultR * Equity	−0. 109 *** (0. 023)	−1. 013 (0. 023)	−1. 009 *** (0. 023)
ROE	−0. 165 *** (0. 030)	−0. 163 *** (0. 030)	−0. 165 *** (0. 030)
DAR	0. 060 (0. 040)	0. 068+ (0. 040)	0. 060 (0. 040)
OwnerC	−0. 084 * (0. 037)	−0. 077 * (0. 037)	−0. 083 * (0. 037)
StockN	−0. 118 ** (0. 041)	−0. 120 ** (0. 041)	−0. 119 ** (0. 041)
EmpN	−0. 050 (0. 044)	−0. 048 (0. 044)	−0. 049 (0. 044)
FiDetRa	0. 062 (0. 041)	0. 062 (0. 042)	0. 061 (0. 041)
DSCR	−0. 050+ (0. 028)	−0. 051+ (0. 028)	−0. 050+ (0. 028)
FirmAge	0. 031 (0. 033)	0. 042 (0. 033)	0. 031 (0. 033)
BondP	0, 380 *** (0. 030)	0. 386 *** (0. 031)	0. 380 *** (0. 031)
Year	控制	控制	控制
Indu	控制	控制	控制
Prov	控制	控制	控制
观测数	1003	1002	1002
F 值	6. 760	6. 540	6. 760
R^2	0. 323	0. 316	0. 323
R^2 变化值	0. 275	0. 268	0. 275

注：①括号中是回归系数标准误。②***、**、*和+依次表示在 0. 001、0. 01、0. 05 和 0. 1 的显著性水平上显著。

资料来源：作者计算。

表 5-7 是模型中加上违约风险变量之后对信用利差的回归结果。结果显示，整体多元化战略的平方（β 整体多元化战略 = 0.017，$p < 0.001$）、非相关多元化战略水平的平方（β 非相关多元化战略 = 0.018，$p < 0.001$）对信用利差的回归系数符号为正，而且非常显著。同时违约风险与产权性质的乘积项相应地显著为负，这表明违约风险在整体多元化战略和非相关多元化战略与信用利差之间发挥的中介作用受到产权性质的负向调节作用，即当企业为国有企业时，违约风险在整体多元化战略和非相关多元化战略和信用利差的“U”型关系中发挥的中介作用减弱。假设 8a 和假设 8c 得到了支持，假设 8b 未通过验证。

总结起来，“U”型结论说明对于发行债券的企业来说，无论过高还是过低水平的多元化战略都对企业信用利差有不利的影响，只有将企业多元化战略保持在适度的水平，才能够将信用利差保持在最低水平。并且整体多元化战略和非相关多元化战略对信用利差的“U”型关系较为显著，相关多元化战略的影响并未得到明确的结论。

5.3.2 信用评级模型的检验

接着，本书对信用评级子模型进行了回归分析。模型 20 仅包含控制变量，以检验控制变量与信用评级之间关系以及本书控制变量选择是否有效。模型 21 到模型 23 检验了整体多元化战略、相关多元化战略和非相关多元化战略与信用评级之间的关系。回归分析结果如表 5-8 所示。

5.3.2.1 主效应检验

由表 5-8 的模型 21 可以看出，在控制变量中，股权集中度、股东规模、金融负债比率和债券到期日等变量在回归分析中的系数显著，表明模型的大部分干扰因素都得到了有效的控制。

假设 2 认为企业的多元化战略与信用评级之间是倒“U”型关系。为了验证假设 2，本书将多元化战略纳入模型 20 到模型 23。本书构建的回归方程为：

$$CreRatg = a_1 Diversity \times Diversity + \varepsilon_1 \tag{5-16}$$

$$CreRatg = a_2 ReDiver \times ReDiver + \varepsilon_2 \tag{5-17}$$

$$CreRatg = a_3 IrreDiver \times IrreDiver + \varepsilon_1 \tag{5-18}$$

表 5-8　信用评级模型主效应回归分析结果

变量名称	DV：CreRatg			
	Model 20	Model 21	Model 22	Model 23
Diversity * Diversity		−0.205 *** (0.004)		
ReDiver * ReDiver			−0.009 (0.008)	
IrreDiver * IrreDiver				−0.207 *** (0.005)
ROE	0.007 (0.024)	0.023 (0.024)	0.022 (0.024)	0.023 (0.024)
DAR	0.036 (0.031)	0.065 (0.032)	0.062 (0.032)	0.065 (0.032)
OwnerC	0.207 *** (0.030)	0.235 *** (0.030)	0.231 *** (0.030)	0.235 *** (0.030)
StockN	0.345 *** (0.033)	0.354 *** (0.033)	0.358 *** (0.033)	0.354 *** (0.033)
EmpN	−0.050 (0.036)	−0.057 (0.036)	−0.060+ (0.036)	−0.058 (0.036)
FiDetRa	−0.100 *** (0.029)	−0.095 *** (0.029)	−0.097 *** (0.029)	−0.095 *** (0.029)
DSCR	−0.000 (0.023)	−0.002 (0.023)	−0.001 (0.023)	−0.002 (0.023)
FirmAge	0.022 (0.026)	0.026 (0.026)	0.020 (0.027)	0.027 (0.026)
BondP	0.090 *** (0.025)	0.082 *** (0.025)	0.081 *** (0.025)	0.082 *** (0.025)
Year	控制	控制	控制	控制
Indu	控制	控制	控制	控制
Prov	控制	控制	控制	控制
观测数	1012	1006	1005	1005

续表

变量名称	DV：CreRatg			
	Model 20	Model 21	Model 22	Model 23
F 值	10.760	11.000	10.960	10.980
R^2	0.217	0.228	0.227	0.228
R^2 变化值	0.178	0.189	0.188	0.189

注：①括号中是回归系数标准误。②***、**、*和+依次表示在 0.001、0.05 和 0.1 的显著性水平上显著。

资料来源：作者计算。

结果显示，整体多元化战略的平方对违约风险的回归系数（β整体多元化战略 =- 0.205，$p < 0.001$）和非相关多元化战略的平方对违约风险的回归系数(β非相关多元化战略 =- 0.207，$p < 0.001$）符号为负，而且非常显著，表明整体多元化战略水平和非相关多元化战略水平与信用评级之间有显著的倒“U”型关系。上述结果与本书的假设预期相符。

结果还显示，相关多元化战略的平方对信用评级的回归系数（β相关多元化战略 =- 0.009，$p > 0.1$）并不显著，表明相关多元化战略水平与信用评级之间的关系并不显著。综合来看，结果支持了假设 2a 和假设 2c，而假设 2b 没有得到回归结果的支持。

5.3.2.2 中介效应检验

假设 3 认为，企业多元化战略（整体多元化战略、相关多元化战略、非相关多元化战略）对债券违约风险存在“U”型影响。结合假设 4b，即违约风险对企业多元化战略和信用评级之间的关系发挥了中介作用。本书构建了如下回归方程进行检验：

$$CreRatg = a_1 Diversity \times Diversity + a_2 DefaultR \times Diversity \times DefaultR + a_3 DefaultR + \varepsilon_1 \quad (5-19)$$

$$CreRatg = a_4 ReDiver \times ReDiver + a_5 DefaultR \times ReDiver \times DefaultR + a_6 DefaultR + \varepsilon_2 \quad (5-20)$$

$$CreRatg = a_7 IrreDiver \times IrreDiver + a_8\ DefaultR \times IrreDiver \times DefaultR + a_9 DefaultR + \varepsilon_3 \quad (5-21)$$

为了检验假设 4b，本书将这三类多元化战略纳入模型 5 到模型 7（表 5-9 中该结果与表 5-4 中相同，因此这里沿用模型 5 到模型 7 的结果）。结果显示，整体多元化战略水平的平方（β 整体多元化战略 = 0.012，$p < 0.01$）和非相关多元化战略水平的平方（β 整体多元化战略 = 0.011，$p < 0.05$）对违约风险的回归系数均显著为正，表明整体多元化战略和非相关多元化战略与企业的违约风险存在“U”型关系，而相关多元化战略与企业的违约风险之间关系并不显著。

表 5-9　信用评级模型中介效应回归分析结果

变量名称	DV：DefaultR			DV：CreRatg		
	Model 5	Model 6	Model 7	Model 24	Model 25	Model 26
Diversity * Diversity	0.12 ** (0.004)			-0.106 *** (0.004)		
ReDiver * ReDiver		0.004 (0.007)			-0.010 (0.007)	
IrreDiver * IrreDiver			0.011 * (0.004)			-0.007+ (0.004)
DefaultR				-0.234 *** (0.034)	-0.244 *** (0.034)	-0.244 *** (0.034)
ROE	0.069 ** (0.023)	0.069 ** (0.023)	0.069 ** (0.023)	0.040+ (0.024)	0.039+ (0.024)	0.040+ (0.024)
DAR	0.140 *** (0.030)	0.124 *** (0.030)	0.139 *** (0.030)	0.099 ** (0.031)	0.096 ** (0.031)	0.099 ** (0.031)
OwnerC	0.102 *** (0.028)	0.101 *** (0.028)	0.103 *** (0.028)	0.260 *** (0.029)	0.255 *** (0.029)	0.260 *** (0.029)
StockN	-0.040 (0.031)	-0.039 (0.032)	-0.040 (0.031)	0.344 *** (0.032)	0.349 *** (0.032)	0.245 *** (0.032)
EmpN	-0.060 * (0.034)	-0.061+ (0.034)	-0.059+ (0.034)	-0.071 * (0.035)	-0.074 * (0.035)	-0.071 * (0.035)
FiDetRa	-0.473 *** (0.027)	-0.474 *** (0.027)	-0.473 *** (0.027)	-0.211 *** (0.032)	-0.212 *** (0.322)	-0.211 *** (0.032)

续表

变量名称	DV：DefaultR			DV：CreRatg		
	Model 5	Model 6	Model 7	Model 24	Model 25	Model 26
DSCR	0.023 (0.022)	0.023 (0.022)	0.023 (0.022)	0.004 (0.022)	0.004 (0.022)	0.004 (0.022)
FirmAge	-0.019 (0.025)	-0.022 (0.025)	-0.019 (0.025)	0.022 (0.026)	0.015 (0.026)	0.022 (0.026)
BondP	-0.051 * (0.023)	-0.051 * (0.023)	-0.051 * (0.023)	0.069 * (0.024)	0.068 ** (0.024)	0.070 ** (0.024)
Year	控制	控制	控制	控制	控制	控制
Indu	控制	控制	控制	控制	控制	控制
Prov	控制	控制	控制	控制	控制	控制
观测数	1006	1005	1005	1006	1005	1005
F 值	17.630	17.600	17.610	12.240	12.190	12.220
R^2	0.545	0.545	0.545	0.458	0.458	0.458
R^2 变化值	0.514	0.514	0.514	0.421	0.420	0.420

注：①括号中是回归系数标准误。②***、**、* 和+依次表示在 0.001、0.01、0.05 和 0.1 的显著性水平上显著。

资料来源：作者计算。

接着，在将违约风险和多元化战略的平方项一起放入以信用评级为因变量的回归方程后，企业整体多元化战略的平方（β 整体多元化战略 = -0.106，$p<0.001$）和非相关多元化战略的平方(β 非相关多元化战略 = -0.007，$p<0.1$）对信用评级的回归系数显著为负，违约风险对信用评级的相应系数也显著为负，这表明违约风险在多元化战略与信用评级的关系中发挥了部分中介效应。虽然相关多元化战略的平方(β 相关多元化战略 =-0.010，$p>0.1$）对信用评级的回归系数并不显著。但综合来看，结果支持假设 4b。

5.3.2.3 调节效应检验

第一，产权性质对企业多元化战略与信用评级之间的关系有调节作用。

假设 7 认为，与国有企业相比，非国有企业多元化战略水平与信用评级之间的关系更加显著。为了验证假设 7，本书将这三类多元化战略水平纳入模型 27 到模型 29。本书构建的一组回归方程为：

$$CreRatg = a_1 Diversity \times Diversity + a_2\ Diversity \times Diversity\ \times Equity + a_3\ Equity + \varepsilon_1 \tag{5-22}$$

$$CreRatg = a_4 ReDiver \times ReDiver + a_5\ ReDiver \times ReDiver\ \times Equity + a_6\ Equity + \varepsilon_2 \tag{5-23}$$

$$CreRatg = a_7 IrreDiver \times IrreDiver + a_8\ IrreDiver \times IrreDiver\ \times Equity + a_9\ Equity + \varepsilon_3 \tag{5-24}$$

表 5-10 显示，与表 5-8 中的模型 21 到模型 23 相比，模型 27 到模型 29 的判定系数 R^2 都显著提升。同时，整体多元化战略的平方与产权性质的乘积项（β 整体多元化战略×产权性质 = 0. 066，$p<0.1$）、非相关多元化战略的平方与产权性质的乘积项（β 非相关多元化战略×产权性质 = 0. 009，$p<0.1$）对企业信用评级的回归系数符号为正，而且非常显著，表明整体多元化战略和非相关多元化战略与信用评级的关系受到产权性质的负向调节作用（因为模型中多元化战略与产权性质的乘积项与多元化战略的平方项符号相反，所以此处尽管乘积项的系数符号为正，也仍然是负向的调节作用），即当企业为国有企业时，实施整体多元化战略和非相关多元化战略导致信用评级的倒“U”型关系弱化。

表 5-10 信用评级模型直接调节效应回归分析结果

变量名称	DV：CreRatg		
	Model 27	Model 28	Model 29
Diversity * Diversity	-0. 233 *** (0. 090)		
ReDiver * ReDiver		-0. 005 (0. 020)	
IrreDiver * rreDiver			-0. 214 *** (0. 010)

续表

变量名称	DV：CreRatg		
	Model 27	Model 28	Model 29
Diversity * Diversity * Equity	0. 066+ (0. 037)		
ReDiver * ReDiver * Equity		0. 001 (0. 006)	
IrreDiver * IrreDiver * Equity			0. 009+ (0. 004)
Equity	0. 007 (0. 024)	0. 023 (0. 024)	0. 022 (0. 024)
ROE	0. 034 (0. 031)	0. 061 (0. 030)	0. 060 (0. 032)
DAR	0. 227 *** (0. 031)	0. 235 *** (0. 031)	0. 241 *** (0. 031)
OwnerC	0. 355 *** (0. 032)	0. 374 *** (0. 033)	0. 378 *** (0. 031)
StockN	-0. 050 (0. 039)	-0. 055 (0. 036)	-0. 061+ (0. 036)
EmpN	-0. 109 *** (0. 029)	-0. 098 *** (0. 028)	-0. 099 *** (0. 028)
FiDetRa	-0. 000 (0. 023)	-0. 002 (0. 023)	-0. 001 (0. 023)
DSCR	0. 021 (0. 026)	0. 024 (0. 026)	0. 020 (0. 027)
FirmAge	0. 096 *** (0. 025)	0. 087 *** (0. 025)	0. 088 *** (0. 025)
BondP	0. 008 (0. 024)	0. 023 (0. 026)	0. 022 (0. 025)
Year	控制	控制	控制
Indu	控制	控制	控制
Prov	控制	控制	控制
观测数	1003	1002	1002
F 值	6. 78	6. 46	6. 78
R^2	0. 334	0. 326	0. 334
R^2 变化值	0. 272	0. 261	0. 272

注：①括号中是回归系数标准误。②***、**、*和+依次表示在 0. 001、0. 01、0. 05 和 0. 1 的显著性水平上显著。

资料来源：作者计算。

结果还显示，相关多元化战略的平方与产权性质的乘积项（β非相关多元化战略 × 产权性质 = 0.001，$p > 0.1$）对企业信用评级的回归系数不显著，表明相关多元化战略水平和信用评级之间的关系未受到产权性质的调节作用。综合来看，检验结果支持了假设 7*a* 和假设 7*c*，假设 7*b* 未得到支持。

第二，产权性质对违约风险在多元化战略与信用评级之间发挥中介效应有调节作用，即违约风险被产权性质调节的中介作用。

表 5-11 的内容与表 5-6 相同，放在此处为了方便查阅结果。结果显示，整体多元化战略的平方与产权性质的乘积项（β整体多元化战略 × 产权性质 =- 0.011，$p < 0.001$）、非相关多元化战略的平方与产权性质的乘积项（β 非相关多元化战略 × 产权性质 =- 0.012，$p < 0.001$）对违约风险的回归系数符号为负，而且非常显著，表明整体多元化战略和非相关多元化战略与违约风险的关系受到产权性质的负向调节作用，即当企业为国有企业时，实施整体多元化战略和非相关多元化战略导致违约风险的"U"型关系减弱。此处相关多元化战略的平方与产权性质的乘积项（β非相关多元化战略 × 产权性质 =- 0.004，$p > 0.1$）对违约风险的回归系数并不显著。

表 5-12 结果显示，整体多元化战略的平方（β 整体多元化战略水平 = - 0.205，$p < 0.001$）和非相关多元化战略的平方（β 非相关多元化战略水平 =- 0.206，$p < 0.001$）对信用评级的系数显著为负，而相应的违约风险与产权性质的乘积项系数显著为正，因此，可以判定产权性质对违约风险的中介效应发挥了负向调节作用，即当企业为国有企业时，违约风险在整体多元化战略、非相关多元化战略和信用评级的倒"U"型关系中发挥的中介作用减弱。因此，假设 9a 和假设 9c 得到支持，而假设 9b 未得到支持。

总体来看，信用评级模型与信用利差模型的结果分别是倒"U"型和"U"型结论，说明无论是信用利差还是信用评级都存在一个"中等多元化水平机遇"，即在适中的多元化水平上，债券的信用评级和信用利差都处于最有利的位置。同样地，企业整体多元化战略和非相关多元化战略对信用评级的影响较为明确，相关多元化战略对信用评级的影响在这里尚未有定论。

表 5-11　信用评级模型被调节的中介效应回归分析结果（1）

变量名称	DV：DefaultR		
	Model 14	Model15	Model16
Diversity * Diversity	0. 0002 (0. 009)		
ReDiver * ReDiver		0. 014 (0. 014)	
IrreDiver * IrreDiver			0. 000 (0. 008)
Diversity * Diversity * Equity	-0. 011 *** (0. 003)		
ReDiver * ReDiver * Equity		-0. 004 (0. 005)	
IrreDiver * IrreDiver * Equity			-0. 012 *** (0. 003)
Equity	0. 056 ** (0. 018)	0. 060 *** (0. 019)	0. 057 ** (0. 018)
ROE	0. 054 * (0. 023)	0. 052 * (0. 023)	0. 054 * (0. 027)
DAR	0. 150 *** (0. 030)	0. 148 *** (0. 030)	0. 150 *** (0. 030)
OwnerC	0. 090 *** (0. 028)	0. 088 ** (0. 028)	0. 090 *** (0. 028)
StockN	-0. 032 (0. 031)	-0. 030 (0. 031)	-0. 032 (0. 031)
EmpN	-0. 046 (0. 033)	-0. 046 (0. 033)	-0. 047 (0. 033)
FiDetRa	-0. 496 *** (0. 027)	-0. 496 *** (0. 027)	-0. 496 *** (0. 027)
DSCR	0. 0179 (0. 021)	0. 018 (0. 021)	0. 018 (0. 021)
FirmAge	-0. 025 (0. 025)	-0. 030 (0. 025)	-0. 026 (0. 025)
BondP	-0. 042+ (0. 023)	-0. 042+ (0. 023)	-0. 041+ (0. 023)

续表

变量名称	DV：DefaultR		
	Model 14	Model15	Model16
Year	控制	控制	控制
Indu	控制	控制	控制
Prov	控制	控制	控制
观测数	1003	1002	1002
F 值	17.380	17.390	17.380
R^2	0.547	0.547	0.547
R^2 变化值	0.515	0.516	0.515

注：①括号中是回归系数标准误。②***、**、*和+依次表示在 0.001、0.01、0.05 和 0.1 的显著性水平上显著。

资料来源：作者计算。

表 5-12　信用评级模型被调节的中介效应回归分析结果（2）

变量名称	DV：CreRatg		
	Model 30	Model 31	Model 32
Diversity * Diversity	-0.205*** (0.004)		
ReDiver * ReDiver		0.014 (0.007)	
IrreDiver * IrreDiver			-0.206*** (0.004)
DefaultR	-0.187*** (0.031)	-0.187*** (0.031)	-0.186*** (0.031)
Equity	-0.336+ (0.196)	-0.345+ (0.196)	-0.336+ (0.196)
DefaultR * Equity	2.021*** (0.039)	2.022*** (0.040)	2.021*** (0.039)
ROE	0.081*** (0.022)	0.080*** (0.022)	0.081*** (0.022)
DAR	0.025 (0.030)	0.21 (0.030)	0.026 (0.029)

续表

变量名称	DV：CreRatg		
	Model 30	Model 31	Model 32
OwnerC	0. 246*** (0. 027)	0. 240*** (0. 027)	0. 246*** (0. 030)
StockN	0. 286*** (0. 030)	0. 292*** (0. 030)	0. 286*** (0. 030)
EmpN	−0. 076* (0. 032)	−0. 082* (0. 030)	−0. 076* (0. 032)
FiDetRa	−0. 139*** (0. 030)	0. 006*** (0. 024)	−0. 139*** (0. 030)
DSCR	0. 021 (0. 020)	0. 022 (0. 020)	0. 021 (0. 020)
FirmAge	0. 014 (0. 024)	0. 006 (0. 024)	0. 015 (0. 024)
BondP	0. 028 (0. 022)	0. 026 (0. 022)	0. 028 (0. 022)
Year	控制	控制	控制
Indu	控制	控制	控制
Prov	控制	控制	控制
观测数	1003	1002	1002
F 值	17. 110	17. 170	17. 100
R^2	0. 547	0. 548	0. 547
R^2 变化值	0. 515	0. 516	0. 515

注：①括号中是回归系数标准误。②***、**、*和+依次表示在 0. 001、0. 05 和 0. 1 的显著性水平上显著。

资料来源：作者计算。

5. 3. 3　综合模型的检验

表 5-13　综合模型回归分析结果

变量名称	DV：CreSprd	DV：CreRatg	DV：CreSprd
	Model 33	Model 34	Model 35
CreRatg			-0. 447 *** (0. 035)
DefaultR	0. 161 *** (0. 041)	-0. 281 *** (0. 035)	0. 036 (0. 040)
ROE	-0. 124 *** (0. 031)	0. 037 (0. 026)	-0. 107 *** (0. 029)
DAR	-0. 012 (0. 041)	0. 097 ** (0. 035)	0. 032 (0. 038)
OwnerC	-0. 104 ** (0. 038)	0. 279 *** (0. 032)	0. 021 (0. 036)
StockN	-0. 183 *** (0. 042)	0. 379 *** (0. 036)	-0. 014 (0. 041)
EmpN	-0. 054 (0. 046)	-0. 077 * (0. 039)	-0. 088 * (0. 043)
FiDetRa	0. 109 ** (0. 041)	-0. 236 *** (0. 035)	0. 003 (0. 039)
DSCR	-0. 032 (0. 029)	0. 005 (0. 025)	-0. 030 (0. 027)
FirmAge	0. 029 (0. 034)	0. 023 (0. 029)	0. 039 (0. 031)
BondP	0. 341 *** (0. 032)	0. 080 ** (0. 027)	0. 377 *** (0. 029)
Year	控制	控制	控制
Indu	控制	控制	控制
Prov	控制	控制	控制
观测数	1012	1012	1012
F 值	4. 760	12. 290	7. 910

续表

变量名称	DV：CreSprd	DV：CreRatg	DV：CreSprd
	Model 33	Model 34	Model 35
R^2	0. 243	0. 454	0. 352
R^2 变化值	0. 192	0. 417	0. 308

注：①括号中是回归系数标准误。②***、**、* 依次表示在 0. 001、0. 01、0. 05 的显著性水平上显著。

资料来源：作者计算。

这部分对信用利差和信用评级模型之间的关系进行检验，结果见表 5-13。假设 5 认为，企业债券信用评级对信用利差有负向影响。并且，由于违约风险的作用，实际上信用评级在违约风险和信用利差之间发挥了中介作用。由模型 34 可以看到，违约风险对信用评级的回归系数（β 违约风险=-0. 281, p < 0. 001）为负，而且非常显著。将信用评级一起放入模型 35 后，违约风险对信用利差(β 违约风险 = 0. 036，p > 0. 1）不显著，而信用评级对信用利差的回归系数(β 信用评级 =- 0. 447，p < 0. 001）为负，而且非常显著，这表明信用评级对信用利差的负面影响显著，而且信用评级在违约风险和信用利差的关系中发挥了完全中介作用。因此，假设 5 得到了支持。

5. 4 稳健性检验

为了进一步验证回归模型实证结果的稳健性，接下来本书通过调整模型进行了稳健性检验。在该检验中，本书将上一期净资产回报率替换为上一期总资产回报率，并对股权集中度、金融负债比率等变量都采用了数据库中提供的不同衡量方法，以此检验本书的模型和结论是否稳健。

5.4.1　信用利差模型的稳健性检验

5.4.1.1　主效应稳健性检验

由表 5-14 的模型 1 可以看出，在控制变量中，上一期总资产回报率、股权集中度、股东规模、利息保障倍数和债券到期日等变量在回归分析中的系数显著，表明模型的大部分干扰因素都得到了有效控制。

为了验证假设 1 的稳健性，本书将三类多元化战略纳入模型 2 到模型 4 中。结果显示，整体多元化战略水平（β 整体多元化战略 = 0.017，$p < 0.001$）和非相关多元化战略水平对违约风险的回归系数(β 非相关多元化战略水平 =0.019，$p < 0.001$）符号为正，而且非常显著，表明整体多元化战略水平和非相关多元化战略水平与信用利差之间有显著的“U”型关系。这表明假设 1a 和假设 1c 成立的检验结果稳健。而相关多元化战略水平对违约风险的回归系数（β 相关多元化战略水平 = 0.004，$p > 0.1$）并不显著，表明假设 2b 仍未得到支持。

表 5-14　信用利差模型主效应稳健性检验结果

变量名称	DV：CreSprd			
	Model 1	Model 2	Model 3	Model 4
Diversity * Diversity		0.017*** (0.005)		
ReDiver * ReDiver			0.004 (0.010)	
IrreDiver * IrreDiver				0.019*** (0.006)
ROA	-0.115*** (0.035)	-0.124*** (0.036)	-0.121*** (0.036)	-0.125*** (0.036)
DAR	0.026 (0.039)	0.012 (0.040)	0.019 (0.040)	0.013 (0.040)

续表

变量名称	DV：CreSprd			
	Model 1	Model 2	Model 3	Model 4
OwnerC	-0.068+ (0.036)	-0.077 (0.037)	-0.074** (0.038)	-0.076* (0.037)
StockN	-0.187*** (0.043)	-0.188*** (0.044)	-0.190*** (0.044)	-0.190*** (0.044)
EmpN	-0.057 (0.045)	-0.052 (0.045)	-0.053 (0.046)	-0.051 (0.045)
FiDetRa	0.028 (0.036)	0.029 (0.036)	0.030 (0.036)	0.029 (0.036)
DSCR	-0.753** (0.262)	-0.745** (0.261)	-0.760** (0.262)	-0.742** (0.261)
FirmAge	0.018 (0.033)	0.008 (0.033)	0.017 (0.034)	0.008 (0.033)
BondP	0.325*** (0.032)	0.325*** (0.032)	0.330*** (0.033)	0.324*** (0.032)
Year	控制	控制	控制	控制
Indu	控制	控制	控制	控制
Prov	控制	控制	控制	控制
观测数	1012	1006	1005	1005
F 值	4.620	4.780	4.560	4.780
R^2	0.235	0.245	0.237	0.245
R^2 变化值	0.184	0.194	0.185	0.194

注：①括号中是回归系数标准误。②***、**、*依次表示在 0.001、0.01、0.05 的显著性水平上显著。

资料来源：作者计算。

5.4.1.2 中介效应稳健性检验

信用利差模型中介效应稳健性检验结果如表 5-15 所示。

表 5-15　信用利差模型中介效应稳健性检验结果

变量名称	DV：DefaultR			DV：CreSprd		
	Model 5	Model 6	Model 7	Model 8	Model 9	Model 10
Diversity * Diversity	0. 203 *** (0. 004)			0. 018 *** (0. 005)		
ReDiver * ReDiver		0. 004 (0. 007)			-0. 001 (0. 009)	
IrreDiver * IrreDiver			0. 201 *** (0. 004)			0. 019 *** (0. 006)
DefaultR				0. 189 *** (0. 043)	0. 186 *** (0. 043)	0. 189 *** (0. 043)
ROA	0. 075 ** (0. 027)	0. 075 ** (0. 027)	0. 075 ** (0. 027)	-0. 138 *** (0. 035)	-0. 135 *** (0. 036)	-0. 139 *** (0. 035)
DAR	0. 140 *** (0. 030)	0. 138 *** (0. 030)	0. 139 *** (0. 030)	-0. 014 (0. 040)	-0. 007 (0. 040)	-0. 014 (0. 040)
OwnerC	0. 102 *** (0. 028)	0. 100 *** (0. 028)	0. 102 *** (0. 028)	-0. 097 *** (0. 037)	-0. 092 * (0. 038)	-0. 096 ** (0. 037)
StockN	-0. 047 (0. 032)	-0. 045 (0. 033)	-0. 047 (0. 033)	-0. 180 *** (0. 043)	-0. 182 *** (0. 044)	-0. 182 *** (0. 043)
EmpN	-0. 056 (0. 034)	-0. 057+ (0. 034)	-0. 056 (0. 034)	-0. 041 (0. 045)	-0. 042 (0. 045)	-0. 041 (0. 045)
FiDctRa	-0. 468 *** (0. 027)	-0. 469 *** (0. 027)	0. 468 *** (0. 027)	0. 118 ** (0. 041)	0. 117 ** (0. 041)	0. 118 ** (0. 041)
DSCR	0. 443 * (0. 195)	0. 447 * (0. 195)	0. 444 * (0. 195)	-0. 829 *** (0. 259)	-0. 843 *** (0. 261)	-0. 826 *** (0. 260)
FirmAge	-0. 018 (0. 025)	-0. 022 (0. 025)	-0. 019 (0. 025)	0. 011 (0. 033)	0. 021 (0. 033)	0. 011 (0. 033)
BondP	-0. 062 * (0. 024)	-0. 062 * (0. 024)	-0. 062 * (0. 024)	0. 336 *** (0. 032)	0. 341 *** (0. 032)	0. 336 *** (0. 032)
Year	控制	控制	控制	控制	控制	控制
Indu	控制	控制	控制	控制	控制	控制
Prov	控制	控制	控制	控制	控制	控制
观测数	1006	1005	1005	1006	1005	1005
F 值	17. 800	17. 780	17. 780	5. 090	4. 850	5. 090

续表

变量名称	DV：DefaultR			DV：CreSprd		
	Model 5	Model 6	Model 7	Model 8	Model 9	Model 10
R^2	0. 548	0. 548	0. 548	0. 260	0. 252	0. 261
R^2 变化值	0. 517	0. 517	0. 517	0. 209	0. 200	0. 209

注：①括号中是回归系数标准误。②***、**、*和$^{+}$依次表示在0. 001、0. 01、0. 05和0. 1的显著性水平上显著。

资料来源：作者计算。

为了验证假设3和假设4a的稳健性，本书将这三类多元化战略纳入模型5到模型10。表5-15的结果显示，整体多元化战略水平（β整体多元化战略=0. 203，$p<0.001$）和非相关多元化战略水平（β非相关多元化战略=0. 201，$p<0.001$）对违约风险的回归系数显著为正，企业相关多元化战略水平（β相关多元化战略=0. 004，$p>0.1$）对违约风险的回归系数并不显著，这表明企业整体多元化战略和非相关多元化战略与企业的违约风险存在"U"型关系，企业相关多元化战略与违约风险没有显著关系。

另外，在将违约风险和多元化战略的平方项一起放入以信用利差为因变量的回归方程后，企业整体多元化战略水平（β整体多元化战略=0. 018，$p<0.01$）和非相关多元化战略水平（β非相关多元化战略=0. 019，$p<0.001$）对信用利差的回归系数显著为正，违约风险对信用利差的相应系数也显著为正，表明违约风险在多元化战略与信用利差的关系中发挥了部分中介效应。上述结果表明，假设3a、假设3c和假设4a成立和假设3b不成立的结论较稳健。

5. 4. 1. 3 调节效应稳健性检验

第一，产权性质对多元化战略和信用利差之间直接效应的调节。

表5-16显示，与表5-14中的模型2到模型4相比，模型11到模型13的判定系数R^2都显著提升。整体多元化战略与产权性质的乘积项（β整体多元化战略×产权性质=-0. 208，$p<0.001$）、非相关多元化战略水平

与产权性质的乘积项（β 非相关多元化战略 × 产权性质 =− 0.209，$p < 0.001$）对企业信用利差的回归系数符号为负，而且非常显著，表明整体多元化战略和非相关多元化战略与信用利差的“U”型关系受到产权性质的负向调节作用，即当企业为国有企业时，实施整体多元化战略和非相关多元化战略导致信用利差的“U”型关系弱化。结果还显示，相关多元化战略水平与产权性质的乘积项（β 非相关多元化战略 × 产权性质 =− 0.002，$p > 0.1$）对企业信用利差的回归系数不显著，表明相关多元化战略水平和信用利差之间的关系未受到产权性质的调节作用。综合来看，检验结果支持了假设 6a 和假设 6c，假设 6b 未得到支持，假设结果通过了稳健性检验。

表 5-16　信用利差模型直接调节效应稳健性检验结果

变量名称	DV：CreSprd		
	Model 11	Model 12	Model 13
Diversity * Diversity	0.018*** (0.005)		
ReDiver * ReDiver		−0.005 (0.009)	
IrreDiver * IrreDiver			0.019*** (0.005)
Diversity * Diversity * Equity	−0.208*** (0.005)		
ReDiver * ReDiver * Equity		−0.002 (0.009)	
IrreDiver * IrreDiver * Equity			−0.209*** (0.006)
Equity	0.311*** (0.033)	0.325*** (0.034)	0.311*** (0.033)
Default	0.146*** (0.042)	0.142*** (0.042)	0.146*** (0.042)
ROA	−0.186*** (0.034)	−0.185*** (0.035)	−0.187*** (0.034)
DAR	0.055 (0.039)	0.068+ (0.039)	0.055 (0.039)

续表

变量名称	DV：CreSprd		
	Model 11	Model 12	Model 13
OwnerC	-0.079* (0.036)	-0.073* (0.036)	-0.078* (0.036)
StockN	-0.109** (0.042)	-0.113** (0.043)	-0.111** (0.042)
EmpN	-0.042 (0.043)	-0.042 (0.044)	-0.041 (0.043)
FiDetRa	0.063 (0.040)	0.058 (0.041)	0.062 (0.040)
DSCR	-0.764** (0.247)	-0.793*** (0.249)	-0.756** (0.247)
FirmAge	0.018 (0.032)	0.032 (0.032)	0.017 (0.032)
BondP	0.379*** (0.031)	0.384*** (0.031)	0.378*** (0.031)
Year	控制	控制	控制
Indu	控制	控制	控制
Prov	控制	控制	控制
观测数	1003	1002	1002
F 值	7.000	6.700	7.000
R^2	0.331	0.321	0.331
R^2 变化值	0.283	0.273	0.283

注：①括号中是回归系数标准误。②***、**、*和+依次表示在0.001、0.01、0.05和0.1的显著性水平上显著。

资料来源：作者计算。

表5-17　信用利差模型被调节的中介稳健性检验结果（1）

变量名称	DV：DefaultR		
	Model 14	Model 15	Model 16
Diversity* Diversity	0.003 (0.004)		

续表

变量名称	DV：DefaultR		
	Model 14	Model 15	Model 16
ReDiver * ReDiver		0. 005 (0. 007)	
IrreDiver * IrreDiver			0. 003 (0. 004)
Diversity * Diversity * Equity	-0. 201 *** (0. 004)		
ReDiver * ReDiver * Equity		-0. 006 (0. 007)	
IrreDiver * IrreDiver * Equity			-0. 202 *** (0. 004)
Equity	-0. 078 ** (0. 025)	-0. 083 ** (0. 026)	-0. 080 ** (0. 025)
ROA	0. 056 * (0. 027)	0. 055 * (0. 027)	0. 057 * (0. 027)
DAR	0. 150 *** (0. 030)	0. 149 *** (0. 030)	0. 150 *** (0. 030)
OwnerC	0. 089 *** (0. 028)	0. 087 ** (0. 028)	0. 090 *** (0. 028)
StockN	-0. 037 (0. 033)	-0. 035 (0. 033)	-0. 036 (0. 033)
EmpN	-0. 044 (0. 033)	-0. 043 (0. 034)	-0. 044 (0. 033)
FiDetRa	-0. 491 *** (0. 027)	-0. 491 *** (0. 027)	-0. 491 *** (0. 027)
DSCR	0. 431 * (0. 192)	0. 44 * (0. 192)	0. 432 (0. 192)
FirmAge	-0. 025 (0. 025)	-0. 030 (0. 025)	-0. 025 (0. 025)
BondP	-0. 052 * (0. 024)	-0. 052 * (0. 024)	-0. 051 * (0. 024)
Year	控制	控制	控制
Indu	控制	控制	控制
Prov	控制	控制	控制

续表

变量名称	DV：DefaultR		
	Model 14	Model 15	Model 16
观测数	1003	1002	1002
F 值	17.540	17.540	17.530
R^2	0.549	0.550	0.550
R^2 变化值	0.518	0.518	0.518

注：①括号中是回归系数标准误。②***、**、* 依次表示在 0.001、0.01、0.05 的显著性水平上显著。

资料来源：作者计算。

表 5-18 信用利差模型被调节的中介稳健性检验结果（2）

变量名称	DV：CreSprd		
	Model 17	Model 18	Model 19
Diversity * Diversity	0.001*** (0.000)		
ReDiver * ReDiver		0.191 (0.177)	
IrreDiver * IrreDiver			0.006*** (0.002)
DefaultR	−0.147*** (0.042)	−0.145*** (0.042)	−0.147*** (0.042)
Equity	0.323*** (0.033)	0.329*** (0.033)	0.323*** (0.033)
DefaultR * Equity	−0.106** (0.041)	−0.083** (0.032)	−0.080** (0.031)
ROA	−0.188*** (0.034)	−0.185*** (0.034)	−0.189*** (0.034)
DAR	0.060 (0.039)	0.067 (0.039)	0.059 (0.039)
OwnerC	−0.076* (0.036)	−0.068+ (0.036)	−0.075* (0.036)
StockN	−0.111** (0.042)	−0.114** (0.043)	−0.113** (0.042)

续表

变量名称	DV：CreSprd		
	Model 17	Model 18	Model 19
EmpN	−0.044 (0.043)	−0.042 (0.043)	−0.043 (0.043)
FiDetRa	0.060 (0.040)	0.061 (0.041)	0.060 (0.040)
DSCR	−0.781** (0.247)	−0.802*** (0.248)	−0.778** (0.247)
FirmAge	0.018 (0.032)	0.030 (0.032)	0.018 (0.032)
BondP	0.379*** (0.031)	0.383*** (0.031)	0.378*** (0.031)
Year	控制	控制	控制
Indu	控制	控制	控制
Prov	控制	控制	控制
观测数	1003	1002	1002
F 值	6.890	6.730	6.930
R^2	0.330	0.322	0.329
R^2变化值	0.283	0.274	0.281

注：① 括号中是回归系数标准误。② ***、**、* 和+依次表示在 0.001、0.01、0.05 和 0.1 的显著性水平上显著。

资料来源：作者计算。

第二，对被调节的中介效应的稳健性检验。

表 5-17 中是企业多元化战略对中介变量违约风险的回归结果。结果显示，整体多元化战略的平方与产权性质的乘积项（β整体多元化战略 × 产权性质 =− 0.201，$p < 0.001$）、非相关多元化战略的平方与产权性质的乘积项（β 非相关多元化战略 × 产权性质 =− 0.202，$p < 0.001$）对违约风险的回归系数符号为负，而且非常显著。表明整体多元化战略和非相关多元化战略与违约风险的关系受到产权性质的负向调节作用，即当企业为国有企业时，实施整体多元化战略和非相关多元化战略导致违约风险的“U”型关系减弱。

表 5-18 中是模型加上违约风险之后对信用利差的回归结果。结果显示，整体多元化战略的平方（β 整体多元化战略 = 0.001，$p < 0.001$）、非相关多元化战略水平的平方（β 非相关多元化战略 = 0.006，$p < 0.001$）对信用利差的回归系数符号为正，而且非常显著，同时违约风险与产权性质的乘积项相应显著为负，这表明违约风险在整体多元化战略、非相关多元化战略与信用利差之间的关系中发挥的中介作用受到产权性质的负向调节作用，即当企业为国有企业时，违约风险在整体多元化战略、非相关多元化战略和信用利差的“U”型关系中发挥的中介作用减弱。假设 8a 和假设 8c 成立，假设 8b 不成立的结果较为稳健。

5.4.2 信用评级模型的稳健性检验

5.4.2.1 主效应稳健性检验

为了验证假设 2，本书将多元化战略纳入模型 21 到模型 23。表 5-19 的结果显示，整体多元化战略的平方（β 整体多元化战略水平 =- 0.205，$p < 0.001$）和非相关多元化战略的平方对信用评级的回归系数（β 非相关多元化战略水平 =- 0.207，$p < 0.001$）符号为负，而且非常显著，表明整体多元化战略水平和非相关多元化战略水平与信用评级之间有显著的倒“U”型关系。而相关多元化战略的平方对信用评级的回归系数并不显著。上述结果表明假设 1a 和假设 1c 成立、假设 1b 不成立的结果稳健。

表 5-19 信用评级模型主效应稳健性检验结果

变量名称	DV：CreRatg			
	Model 20	Model 21	Model 22	Model 23
Diversity * Diversity		-0.205*** (0.005)		
ReDiver * ReDiver			0.011 (0.008)	

续表

变量名称	DV：CreRatg			
	Model 20	Model 21	Model 22	Model 23
IrreDiver * IrreDiver				−0. 207 *** (0. 005)
ROA	0. 005 (0. 031)	0. 028 (0. 031)	0. 027 (0. 031)	0. 028 (0. 031)
DAR	0. 032 (0. 035)	0. 064+ (0. 035)	0. 060+ (0. 035)	0. 064+ (0. 035)
OwnerC	0. 230 *** (0. 032)	0. 260 *** (0. 033)	0. 255 *** (0. 033)	0. 260 *** (0. 033)
StockN	0. 418 *** (0. 039)	0. 426 *** (0. 038)	0. 432 *** (0. 039)	0. 427 *** (0. 038)
EmpN	−0. 067+ (0. 040)	−0. 073+ (0. 040)	−0. 078+ (0. 040)	−0. 073+ (0. 040)
FiDetRa	−0. 104 *** (0. 031)	−0. 099 ** (0. 032)	−0. 100 * (0. 032)	−0. 098 ** (0. 032)
DSCR	0. 568 * (0. 231)	0. 554 * (0. 230)	0. 560 * (0. 229)	0. 551 * (0. 229)
FirmAge	0. 025 (0. 029)	0. 029 (0. 029)	0. 022 (0. 029)	0. 030 (0. 029)
BondP	0. 107 *** (0. 028)	0. 097 *** (0. 028)	0. 097 *** (0. 028)	0. 097 *** (0. 028)
Year	控制	控制	控制	控制
Indu	控制	控制	控制	控制
Prov	控制	控制	控制	控制
观测数	1012	1006	1005	1005
F 值	11. 180	11. 430	11. 400	11. 400
R^2	0. 226	0. 237	0. 237	0. 237
R^2 变化值	0. 188	0. 199	0. 199	0. 199

注：①括号中是回归系数标准误。②***、**、*和+依次表示在 0. 001、0. 01、0. 05 和 0. 1 的显著性水平上显著。

资料来源：作者计算。

5.4.2.2 中介效应稳健性检验

信用评级模型中介效应稳健性检验结果如表 5-20 所示。

表 5-20 信用评级模型中介效应稳健性检验结果

变量名称	DV：DefaultR			DV：CreRatg		
	Model 5	Model 6	Model 7	Model 24	Model 25	Model 26
Diversity * Diversity	0.203 *** (0.004)			-0.206 *** (0.005)		
ReDiver * ReDiver		0.004 (0.007)			0.012 (0.008)	
IrreDiver * IrreDiver			0.203 *** (0.004)			-0.208 *** (0.005)
DefaultR				-0.279 *** (0.037)	-0.280 *** (0.038)	-0.280 *** (0.037)
ROA	0.075 ** (0.027)	0.075 ** (0.027)	0.075 ** (0.027)	0.049 (0.031)	0.048 (0.031)	0.050 (0.031)
DAR	0.140 *** (0.030)	0.138 *** (0.030)	0.139 *** (0.030)	0.102 ** (0.035)	0.099 ** (0.035)	0.103 ** (0.035)
OwnerC	0.101 *** (0.027)	0.100 *** (0.028)	0.102 *** (0.028)	0.288 *** (0.032)	0.283 *** (0.032)	0.288 *** (0.032)
StockN	-0.047 (0.033)	-0.044 (0.032)	-0.047 (0.033)	0.412 *** (0.037)	0.419 *** (0.038)	0.413 *** (0.037)
EmpN	-0.056 (0.034)	-0.057+ (0.034)	-0.055 (0.033)	-0.088 (0.039)	-0.094 * (0.039)	-0.089 * (0.039)
FiDetRa	-0.468 *** (0.027)	-0.470 *** (0.027)	-0.468 *** (0.027)	-0.229 *** (0.035)	-0.232 *** (0.036)	-0.230 *** (0.035)
DSCR	0.443 * (0.195)	0.447 * (0.195)	0.443 * (0.195)	0.667 ** (0.223)	0.685 ** (0.223)	0.676 ** (0.223)
FirmAge	-0.018 (0.025)	-0.022 (0.025)	-0.019 (0.024)	0.024 (0.028)	0.016 (0.028)	0.025 (0.028)
BondP	-0.062 * (0.02)	-0.062 * (0.024)	-0.062 * (0.024)	0.080 ** (0.028)	0.080 ** (0.028)	0.080 ** (0.028)
Year	控制	控制	控制	控制	控制	控制
Indu	控制	控制	控制	控制	控制	控制
Prov	控制	控制	控制	控制	控制	控制
观测数	1006	1005	1005	1006	1005	1005

续表

变量名称	DV：DefaultR			DV：CreRatg		
	Model 5	Model 6	Model 7	Model 24	Model 25	Model 26
F 值	17.800	17.78	17.78	12.79	12.76	12.77
R^2	0.548	0.548	0.548	0.470	0.469	0.469
R^2 变化值	0.517	0.517	0.517	0.433	0.432	0.432

注：①括号中是回归系数标准误。②***、**、*和$^{+}$依次表示在 0.001、0.01、0.05 和 0.1 的显著性水平上显著。

资料来源：作者计算。

为了验证假设 4b，本书将三类多元化战略纳入模型。结果显示，整体多元化战略水平的平方（β 整体多元化战略 = 0.203，$p < 0.001$）和非相关多元化战略水平的平方(β 整体多元化战略 = 0.203，$p < 0.001$）对违约风险的回归系数均显著为正，表明整体多元化战略和非相关多元化战略对债券违约风险有“U”型影响，而相关多元化战略与债券违约风险的关系并不显著。

接着，在将违约风险和多元化战略的平方项一起放入以信用评级为因变量的回归方程后，企业整体多元化战略水平的平方（β 整体多元化战略 = －0.206，$p < 0.001$）和非相关多元化战略水平的平方(β 非相关多元化战略 =－0.208，$p < 0.001$）对信用评级的回归系数显著为负，违约风险对信用评级的相应系数也显著为负，表明违约风险在多元化战略与信用评级的关系中发挥了部分中介效应。综合来看，结果支持假设 4b。

5.4.2.3　调节效应稳健性检验

最后，为了探究“多元化战略—违约风险—信用评级”的具体机制，本书还对产权性质在其中发挥的调节效应进行了稳健性检验。

第一，验证产权性质对企业多元化战略与信用评级之间直接关系的调节作用的稳健性。表 5-21 显示，与表 5-19 中的模型 21 到模型 23 相比，模型 27 到模型 29 的判定系数 R^2 都显著提升。同时，整体多元化战略的平方与产权性质的乘积项（β整体多元化战略 × 产权性质 = 0.065，$p < 0.1$）、非相关多元化战略的平方与产权性质的乘积项（β非相关多元化战略 × 产权性质 = 0.010，$p < 0.1$）对企业信用评级的回归系数符号为正，而且非常显著，表明整体多元化战略和非相关多元化战略与信用评级的关系受到产权性质的负向调节作用，即当企业为国有企业时，实施整体多元化战略和非相关多元化战略导致信用评级的倒“U”型关系弱化。

结果还显示，相关多元化战略的平方与产权性质的乘积项（β非相关多元化战略 × 产权性质 = 0.001，$p > 0.1$）对企业信用评级的回归系数不显著，表明相关多元化战略水平和信用评级之间的关系未受到产权性质的调节作用。综合来看，原有的研究结论依然稳健。

表 5-21 信用评级模型直接调节效应稳健性检验结果

变量名称	DV：CreRatg		
	Model 27	Model 28	Model 29
Diversity * Diversity	-0.225 *** (0.090)		
ReDiver * ReDiver		-0.005 (0.023)	
IrreDiver * rreDiver			-0.228 *** (0.010)
Diversity * Diversity * Equity	0.065+ (0.036)		
ReDiver * ReDiver * Equity		0.001 (0.006)	
IrreDiver * IrreDiver * Equity			0.010+ (0.006)
Equity	0.007 (0.024)	0.023 (0.024)	0.020 (0.022)
ROA	0.034 (0.031)	0.061 (0.030)	0.060 (0.032)
DAR	0.229 *** (0.031)	0.234 *** (0.031)	0.246 *** (0.031)
OwnerC	0.354 *** (0.032)	0.375 *** (0.033)	0.379 *** (0.031)

续表

变量名称	DV：CreRatg		
	Model 27	Model 28	Model 29
StockN	-0.050 (0.037)	-0.055 (0.037)	-0.061^{+} (0.036)
EmpN	-0.109*** (0.024)	-0.098*** (0.025)	-0.099*** (0.024)
FiDetRa	-0.000 (0.018)	-0.002 (0.018)	-0.001 (0.018)
DSCR	0.020 (0.026)	0.022 (0.026)	0.020 (0.027)
FirmAge	0.098*** (0.023)	0.090*** (0.024)	0.098*** (0.023)
BondP	0.008 (0.024)	0.023 (0.026)	0.022 (0.025)
Year	控制	控制	控制
Indu	控制	控制	控制
Prov	控制	控制	控制
观测数	1003	1002	1002
F 值	6.80	6.54	6.80
R^2	0.339	0.328	0.339
R^2 变化值	0.270	0.261	0.270

注：①括号中是回归系数标准误。②***、* 和$^{+}$依次表示在 0.001、0.01 和 0.1 的显著性水平上显著。

资料来源：作者计算。

表 5-22　信用评级模型被调节的中介效应稳健性检验结果（1）

变量名称	DV：DefaultR		
	Model 14	Model 15	Model 16
Diversity * Diversity	-0.003 (0.004)		
ReDiver * ReDiver		0.005 (0.007)	

续表

变量名称	DV：DefaultR		
	Model 14	Model 15	Model 16
IrreDiver * IrreDiver			-0.003 (0.004)
Diversity * Diversity * Equity	-0.201 *** (0.004)		
ReDiver * ReDiver * Equity		-0.006 (0.007)	
IrreDiver * IrreDiver * Equity			-0.202 *** (0.004)
Equity	0.078 ** (0.025)	0.083 ** (0.026)	0.080 ** (0.025)
ROA	0.056 * (0.027)	0.055 * (0.027)	0.057 * (0.027)
DAR	0.150 *** (0.030)	0.149 *** (0.030)	0.150 *** (0.030)
OwnerC	0.089 *** (0.028)	0.087 ** (0.028)	0.090 *** (0.028)
StockN	-0.037 (0.033)	-0.035 (0.033)	-0.036 (0.033)
EmpN	-0.044 (0.033)	-0.043 (0.034)	-0.044 (0.033)
FiDetRa	-0.491 *** (0.027)	-0.491 *** (0.027)	-0.491 *** (0.027)
DSCR	0.431 * (0.192)	0.44 * (0.192)	0.432 (0.192)
FirmAge	-0.025 (0.025)	-0.030 (0.025)	-0.025 (0.025)
BondP	-0.052 * (0.024)	-0.052 * (0.024)	-0.051 * (0.024)
Year	控制	控制	控制
Indu	控制	控制	控制
Prov	控制	控制	控制
观测数	1003	1002	1002

续表

变量名称	DV：DefaultR		
	Model 14	Model 15	Model 16
F 值	17.540	17.540	17.530
R^2	0.549	0.550	0.550
R^2 变化值	0.518	0.518	0.518

注：①括号中是回归系数标准误。②***、**、* 依次表示在 0.001、0.01、0.05 的显著性水平上显著。

资料来源：作者计算。

表 5-23　信用评级模型被调节的中介效应稳健性检验结果（2）

变量名称	DV：CreRatg		
	Model 30	Model 31	Model 32
Diversity * Diversity	-0.228*** (0.034)		
ReDiver * ReDiver		0.006 (0.007)	
IrreDiver * IrreDiver			-0.217*** (0.028)
DefaultR	-0.216*** (0.035)	-0.216*** (0.035)	-0.215*** (0.035)
Equity	-0.360*** (0.027)	-0.366*** (0.027)	-0.362*** (0.027)
DefaultR * Equity	0.067** (0.026)	0.068** (0.026)	0.069** (0.026)
ROA	0.107*** (0.028)	0.106*** (0.028)	0.107*** (0.028)
DAR	0.021 (0.032)	0.017 (0.032)	0.021 (0.032)
OwnerC	0.274*** (0.029)	0.265*** (0.029)	0.273*** (0.030)
StockN	0.338*** (0.034)	0.345*** (0.034)	0.338*** (0.035)
EmpN	-0.090* (0.036)	-0.098** (0.036)	-0.091* (0.036)

续表

变量名称	DV：CreRatg		
	Model 30	Model 31	Model 32
FiDetRa	−0. 150 *** (0. 033)	−0. 153 *** (0. 033)	−0. 149 *** (0. 033)
DSCR	0. 623 ** (0. 204)	0. 631 ** (0. 204)	0. 621 ** (0. 204)
FirmAge	0. 019 (0. 026)	0. 009 (0. 026)	0. 019 (0. 026)
BondP	0. 033 (0. 026)	0. 032 (0. 026)	0. 032 (0. 027)
Year	控制	控制	控制
Indu	控制	控制	控制
Prov	控制	控制	控制
观测数	1003	1002	1002
F 值	17. 83	17. 880	17. 77
R^2	0. 557	0. 558	0. 557
R^2 变化值	0. 526	0. 527	0. 525

注：①括号中是回归系数标准误。②***、**、* 依次表示在 0. 001、0. 01、0. 05 的显著性水平上显著。

资料来源：作者计算。

第二，产权性质对违约风险在多元化战略与信用评级之间发挥中介效应的调节作用，即违约风险被产权性质调节的中介作用。

表 5-22 的内容与表 5-17 相同，放在此处为了方便查阅结果，结果显示，整体多元化战略的平方与产权性质的乘积项（β整体多元化战略 × 产权性质 =− 0. 201，$p < 0.001$）、非相关多元化战略的平方与产权性质的乘积项（β非相关多元化战略 × 产权性质 =− 0. 202，$p < 0.001$）对违约风险的回归系数符号为负，而且非常显著，表明整体多元化战略和非相关多元化战略与违约风险的关系受到产权性质的负向调节作用，即当企业为国有企业时，实施整体多元化战略和非相关多元化战略导致违约风险的“U”型关系减弱。

表 5-23 中的结果显示，整体多元化战略水平的平方（β 整体多元化战略水平 =- 0.228，$p < 0.001$）和非相关多元化战略水平的平方(β非相关多元化战略水平 =- 0.217，$p < 0.001$）对信用评级的回归系数显著为负，而违约风险与产权性质的乘积项系数显著为正，因此，可以判定产权性质对违约风险的中介效应发挥了负向调节作用，即当企业为国有企业时，违约风险在整体多元化战略、非相关多元化战略和信用评级的倒“U”型关系中发挥的中介作用减弱，这表明假设 9a、假设 9c 成立和假设 9b 不成立的结果较为稳健。

5.4.3　综合模型的稳健性检验

本书继而对信用评级和信用利差子模型之间的关系进行了稳健性检验。结果如表 5-24 所示。可以看到，在模型 34 中，违约风险与信用评级的回归系数（β 违约风险 =- 0.288，$p < 0.001$）为负，而且非常显著。将信用评级一起放入以信用利差为因变量的模型后，违约风险对信用利差(β 违约风险 = 0.046，$p > 0.1$）不显著，而信用评级对信用利差的回归系数(β信用评级 =- 0.437，$p < 0.001$）为负，而且非常显著，这表明信用评级与信用利差之间显著负相关，而且信用评级在违约风险和信用利差的关系中发挥了完全中介作用。这表明，综合模型的结果非常稳健。

表 5-24　综合模型稳健性检验结果

变量名称	DV：CreSprd	DV：CreRatg	DV：CreSprd
	Model 33	Model 34	Model 35
CreRatg			-0.437*** (0.035)
DefaultR	0.172*** (0.040)	-0.288*** (0.035)	0.046 (0.039)
ROA	-0.136*** (0.035)	0.039 (0.030)	-0.118*** (0.033)

续表

变量名称	DV：CreSprd	DV：CreRatg	DV：CreSprd
	Model 33	Model 34	Model 35
DAR	-0.009 (0.040)	0.090** (0.034)	0.030 (0.037)
OwnerC	-0.097** (0.037)	0.279*** (0.037)	0.025 (0.035)
StockN	-0.182*** (0.043)	0.409*** (0.037)	-0.003 (0.043)
EmpN	-0.045 (0.045)	-0.087* (0.039)	-0.083* (0.042)
FiDetRa	0.103* (0.040)	-0.230*** (0.034)	0.029 (0.030)
DSCR	-0.823** (0.260)	0.687** (0.224)	-0.533* (0.242)
FirmAge	0.019 (0.032)	0.0237 (0.028)	0.029 (0.030)
BondP	0.338*** (0.032)	0.083** (0.028)	0.375*** (0.030)
Year	控制	控制	控制
Indu	控制	控制	控制
Prov	控制	控制	控制
观测数	1012	1012	1012
F值	4.910	12.850	8.040
R^2	0.249	0.465	0.356
R^2 变化值	0.199	0.429	0.312

注：①括号中是回归系数标准误。②***、**、*依次表示在0.001、0.01、0.05的显著性水平上显著。

资料来源：作者计算。

最后，需要说明的是，通过计算变量的方差膨胀因子（VIF值），本书判断变量之间不存在显著的共线性，回归结果并未受到严重的多重共线干扰。

5.5　假设检验情况汇总

基于上述各项统计分析，本书对模型假设的验证结果进行了汇总报告。本书共提出 9 条主假设，其中 2 条假设得到完全支持，7 条主假设得到部分支持，7 条子假设未得到支持。具体的研究假设检验结果如表 5-25 所示。

表 5-25　研究假设验证结果总结

研究假设		验证结果
假设 1	企业多元化战略对债券信用利差存在“U”型影响	部分支持
假设 1a	企业整体多元化战略水平对债券信用利差存在“U”型影响	支持
假设 1b	企业相关多元化战略水平对债券信用利差存在“U”型影响	不支持
假设 1c	企业非相关多元化战略水平对债券信用利差存在“U”型影响	支持
假设 2	企业多元化战略对债券信用评级存在倒“U”型影响	部分支持
假设 2a	企业整体多元化战略水平对债券信用评级存在倒“U”型影响	支持
假设 2b	企业相关多元化战略水平对债券信用评级存在倒“U”型影响	不支持
假设 2c	企业非相关多元化战略水平对债券信用评级存在倒“U”型影响	支持
假设 3	企业多元化战略对违约风险存在“U”型影响	部分支持
假设 3a	企业整体多元化战略水平对违约风险存在“U”型影响	支持
假设 3b	企业相关多元化战略水平对违约风险存在“U”型影响	不支持
假设 3c	企业非相关多元化战略水平对违约风险存在“U”型影响	支持
假设 4a	违约风险对债券信用利差有正向影响。结合假设 3，即违约风险在多元化战略与信用利差之间发挥中介作用（该中介作用仅针对假设 1 中成立的子假设而言）	支持
假设 4b	违约风险对债券信用评级有负向影响。结合假设 3，即违约风险在多元化战略与信用评级之间发挥中介作用（该中介作用仅针对假设 2 中成立的子假设而言）	支持
假设 5	企业发行债券的信用评级对信用利差有负向影响	支持

续表

研究假设		验证结果
假设 6	产权性质对企业多元化战略与信用利差之间的关系存在调节作用。与非国有企业相比，产权性质减弱了国有企业的多元化战略与违约风险之间的关系	部分支持
假设 6a	产权性质对企业整体多元化战略与信用利差之间的关系存在调节作用。与非国有企业相比，产权性质减弱了国有企业整体多元化战略与违约风险之间的关系	支持
假设 6b	产权性质对企业相关多元化战略与信用利差之间的关系存在调节作用。与非国有企业相比，产权性质减弱了国有企业相关多元化战略与违约风险之间的关系	不支持
假设 6c	产权性质对企业非相关多元化战略与信用利差之间的关系存在调节作用。与非国有企业相比，产权性质减弱了国有企业非相关多元化战略与违约风险之间的关系	支持
假设 7	产权性质对企业多元化战略与信用评级之间的关系存在调节作用。与非国有企业相比，产权性质减弱了国有企业的多元化战略与违约风险之间的关系	部分支持
假设 7a	产权性质对企业整体多元化战略与信用评级之间的关系存在调节作用。与非国有企业相比，产权性质减弱了国有企业整体多元化战略与违约风险之间的关系	支持
假设 7b	产权性质对企业相关多元化战略与信用评级之间的关系存在调节作用。与非国有企业相比，产权性质减弱了国有企业相关多元化战略与违约风险之间的关系	不支持
假设 7c	产权性质对企业非相关多元化战略与信用评级之间的关系存在调节作用。与非国有企业相比，产权性质减弱了国有企业非相关多元化战略与违约风险之间的关系	支持
假设 8	产权性质对违约风险在企业多元化战略和信用利差之间的中介作用具有调节作用。与非国有企业相比，产权性质减弱了国有企业违约风险在二者之间的中介作用	部分支持
假设 8a	产权性质对违约风险在企业整体多元化战略水平和信用利差之间的中介作用具有调节作用。与非国有企业相比，产权性质减弱了国有企业违约风险在二者之间的中介作用	支持

续表

研究假设		验证结果
假设 8b	产权性质对违约风险在企业相关多元化战略水平和信用利差之间的中介作用具有调节作用。与非国有企业相比，产权性质减弱了国有企业违约风险在二者之间的中介作用	不支持
假设 8c	产权性质对违约风险在企业非相关多元化战略水平和信用利差之间的中介作用具有调节作用。与非国有企业相比，产权性质减弱了国有企业违约风险在二者之间的中介作用	支持
假设 9	产权性质对违约风险在企业多元化战略水平和信用评级之间的中介作用具有中介作用	部分支持
假设 9a	产权性质对违约风险在企业整体多元化战略水平和信用评级之间的中介作用具有中介作用	支持
假设 9b	产权性质对违约风险在企业相关多元化战略水平和信用评级之间的中介作用具有中介作用	不支持
假设 9c	产权性质对违约风险在企业非相关多元化战略水平和信用评级之间的中介作用具有中介作用	支持

资料来源：作者整理。

第 6 章

结论与展望

6.1　主要研究结论

本书的出发点是探索企业的多元化战略影响其债券融资成本的机制和过程。笔者认为，违约风险和产权性质是多元化战略对债券融资成本影响机制中的两个重要因素。对发债企业数据的统计检验结果在一定程度上支持了本书的理论模型和假设。本书得出了以下四个主要研究结论：

第一，企业的多元化战略与其债券融资成本之间存在“U”型关系，即多元化战略与债券信用利差之间存在“U”型关系，与债券信用评级之间存在倒“U”型关系，随着企业多元化战略水平的升高，企业债券融资成本先降后升。具体而言，企业的整体多元化战略水平和非相关多元化战略水平对债券融资成本有“U”型的影响关系。一方面，在一段时期内，随着企业整体多元化战略水平和非相关多元化战略水平的上升，企业的资源配置到各个风险相关性较小的部门，各部门之间资源和能力能够以较小的成本转换和磨合，提高了企业盈余资金的利用率，在降低企业面临的系统风险的同时，也为企业带来了丰厚的利润，该信息传递给债券市场和投资者，使得企业的信用利差降低、信用评级升高。另一方面，在企业整体多元化战略水平和非相关多元化战略水平上升至某个拐点时，企业的多元化战略水平超过了资源和能力可以承受的限度，原来的资源配置优势转化为劣势，多元化战略带来了信息不对称、过高的交易成本、违约风险和债券投资者对企业的信用质疑，导致投资者对企业的风险评估上升，使得企业的信用利差提高，信用评级降低，陷入债券融资高成本和违约风险的困境中。企业的相关多元化战略对债券融资成本的影响并不明显。这可能是因为目前大多数企业的相关多元化战略的实施情况、制度环境、产业环境等较为复杂多样，无法体现出统一、明显的指向性。另外，相关多元化战略虽然在资源与能力的整合和协调上具有便利性，但是由于相关多元化带来的利益和风险具有高度相关性，使得企业的经营不确定性和违约风险提高，导致个人投资者和机构投资者无法合理评估债券风险，因此，尚未形成统一的定论。

第二，企业的多元化战略与其违约风险之间存在“U”型关系，即随着企业多元化战略水平的上升，企业违约风险先降后升，同时违约风险在多元化战略与债券融资成本中发挥了部分中介作用。资源和能力的多元化配置是一把“双刃剑”。对于整体多元化战略和非相关多元化战略而言，不合理的多元化水平会导致企业的业务复杂性增强，提升企业各部门的协调成本、资源转换成本、能力应用成本等，使得企业的违约风险升高，而这些公开信息传递到债券市场后，外部投资者对企业的信用评估降低，企业的信用评级降低而信用利差增加，从而增加了企业的债券融资成本。因此，企业需要准确判断多元化战略的拐点位置，平衡多元化战略与融资成本。对于相关多元化战略而言，其与违约风险之间的关系以及违约风险在相关多元化战略和债券融资成本之间的中介关系在本书的验证中并不显著。可能的原因是，相关多元化战略虽然能够带来业务之间的协同整合，却使得企业不同业务部门的利润高度相关，企业的系统风险并未消除。因此，本书对相关多元化战略与违约风险之间的关系并未得出明确的结论。

第三，企业的产权性质对其多元化战略和债券融资成本的关系存在调节作用，对违约风险在多元化战略和债券融资成本之间发挥的中介作用也存在调节，即被调节的中介作用。具体来说，国有企业实行多元化战略对债券融资成本的负面影响较小，而非国有企业的多元化战略则对其债券融资成本影响较大。这与企业经营管理的制度环境有关，国有企业一直是债券融资市场的“宠儿”，其背后有政府和国家信用作为担保，因此可以在一定的风险程度下实施多元化战略。然而，对于非国有企业而言，投资者更加担心实施多元化战略的“胡乱折腾”，会导致企业无法在规定时间内偿还债券本息，投资者的利益和企业的商业信用双双受到损害，这种担心在很大程度上造成了非国有企业的融资约束。因此，相比非国有企业而言，国有企业可以在多元化战略上“放开手脚”，而非国有企业则需要更多地估计投资者的避险心理，不能盲目多元化。

第四，我国企业在多元化发展道路上不必遵循欧美企业的轨迹，而是需要根据融资成本寻找到最优的多元化战略水平，即找到最低债券融资成本水平上的多元化战略拐点。欧美企业在多元化的道路上十分曲折，先后经历了专业化—多元化—归核化的过程，很多大型企业在多元化的道路上相继失败后，重新回到专业化的趋势又成为主流。虽然欧美企业一直是我国企业发展多元化战略的参照对象，但我国企业并不一定要遵循欧美企业的多元化发展轨迹。对于我国企业而言，需要寻找到使得财务融资成本最低的多元化战略水平，而非一味盲目地跨领域多元化。拥有政府信用支持的国有企业的多元化抗风险能力较强，而非国有企业的多元化风险较高，二者面临的多元化战略“拐点”不同，在考虑多元化战略对债券融资成本的影响时要具体企业具体分析。

6.2　研究创新

本书探究了多元化战略与企业债券融资之间的关系，具有一定的创新性。在以下四个方面，本书丰富了现有的文献：

第一，从企业战略和财务领域相结合的角度研究了多元化战略与债券融资成本的内在联系、影响关系和影响机制。债券融资是当前中国企业拓展融资渠道、解决融资困难的良好途径，而企业的融资决策在一定程度上会受到战略决策的影响。针对企业债券融资成本的研究，本书聚焦于多元化战略的视角，拓展了当前对债券融资成本局限于财务视角的研究思路，跳出财务体系这个框架本身，从影响债券融资成本的源头因素——企业战略上探究企业的风险承担、商业信用和债券兑现能力，以此来分析企业的融资成本，丰富了战略与财务领域相结合的研究文献。

第二，重点关注多元化战略与债券融资之间的关系，在一定程度上弥补了以往研究多重视股权融资而忽视债券融资的不足。近年来，企业债券融资市场迅速发展，甚至有超过股票融资成为企业直接融资最主要的途径。然而，当前直接融资理论还是以股权融资居多，关于债券融资的理论发展滞后于实践，不能为当前的企业债券融资实践提供充分的理论指导。因此，本书聚焦于企业债券融资领域的核心问题，即企业债券融资成本，包括信用利差和信用评级的影响机制，探究企业多元化战略对于债券融资成本的作用，深化企业债券融资领域的理论研究。

第三，发现企业多元化战略与债券融资成本之间的“U”型关系，有助于找到能够带来最低债券融资成本的多元化战略拐点。从资源基础理论和有效市场理论出发，本书关注实施多元化战略可能导致企业在整合、协调资源与能力的过程中增加风险和不确定性，以及将这些公开信息传递给债券市场和投资者后，会引起债券信用利差和信用评级的变化。决定企业多元化战略成功与否的关键因素取决于风险、收益和成本之间的平衡。具体而言，如果企业的多元化经营水平较低，则不能充分地分散某个特定行业的风险，虽然企业的资源和能力都配置在一个行业中，不会产生过高的协调整合成本，但是企业的收益具有高度相关性，这种高风险会提高企业的信用违约率，导致债券的信用利差提高、信用评级下降，使得企业债券融资成本增加。相反，如果企业的多元化经营水平较高，则企业的收益不具备过高相关性，配置到各行业中的资源能够独立地产生利润或损失，增强企业的抗风险、抗冲击能力，但是企业在各个市场中的资源与能力相互配合和转换时则会存在较高的协调整合成本，加上企业的主营业务在多元化战略下可能被削弱，因此，企业的债券违约风险也会提高，导致债券的信用利差提高、信用评级下降以及债券融资成本增加。因此，实施多元化战略既可能增加企业的违约风险，也可能降低企业的违约风险。为了解决这一悖论，本书构建了“多元化战略—违约风险—债券融资成本”模型，发掘了多元化战略与债券融资成本之间的非线性关系，发现对于发债企业而言，只有当其多元化战略达到适中水平时，企业的债券融资成本才能够维持在最低，过低水平和过高水平的多元化对债券融资成本都有不利影响。这一结论揭示了多元化战略与债券融资成本的复杂关系，有助于解决当前的部分理论悖论。

第四，我国企业需要根据国情选择最合适的多元化战略水平，尽可能地降低债券融资成本，而不必复制欧美企业从“多元化”到“归核化”的发展轨迹。欧美企业正从盲目多元化的失败经验中恢复，重新树立了专业化发展的道路。而我国的情况与欧美企业存在差异，原因在于产权性质对我国企业多元化战略的影响较大。对于中国的国有企业而言，政府信用支持了较高的多元化战略水平，债券投资者和投资机构对国有企业多元化经营很有信心。而对于非国有企业而言，由于自身缺乏政府的信用支持，加上和国有企业相比实力悬殊，无论实行多元化战略还是专业化战略，其经营风险都容易被投资者放大，引发个人投资者和投资机构的过度担忧。因此，总体而言，投资者对于中国企业的商业信用和违约风险的评估受到产权性质的影响。由于国有企业和非国有企业在商业信用、综合实力等方面与欧美企业差异较大，因此，在实行多元化战略时，中国企业需要找到最适合自身的多元化发展路线，不必对欧美企业盲目跟风和模仿。

6.3　实践启示

本书对中国企业实行多元化战略的管理实践和发行债券融资的财务活动也有一定的指导意义。

第一，企业在实行多元化战略时，要避免盲目追求多元化的心态，而是要将多元化战略控制在最优水平。多元化战略既能够让企业分散特定行业的经营风险、充分利用闲置盈余资金，也可能削弱企业的主营业务优势、导致资源协调的成本增加。多元化战略既可能带来竞争优势，也会造成风险劣势，优势和劣势此消彼长、相互抵消，因此在实施多元化战略时，企业必须考虑到多元化战略由优势转为劣势的拐点位置，停留在多元化战略的优势阶段是一个较为保险的决策。

以春兰集团为例。虽然现在市值高达 2632 亿元的格力电器已经是空调行业的龙头，但是昔日空调行业的领军企业却是格力电器的偶像——春兰集团。20 世纪 90 年代，春兰从最初的制冷设备公司发展起来，专门生产春兰牌空调，市场占有率一度高达 40%。在空调行业取得瞩目成就之后，由于担忧家电制造行业变为“夕阳产业”，春兰开始进行大规模的多元化拓展，先后涉足摩托车、其他电器（电冰箱、洗衣机、除湿机等）、中型卡车、压缩机、汽车底盘、电视、新能源技术、互联网技术、金融投资等产业领域，企图构建庞大的“春兰帝国”。随后，多元化战略过快、过度扩张的“后遗症”也逐渐凸显：主营空调业务走向衰落，销售量和影响力下降，错过了发展的蓝海时期；在摩托车、液晶显示器项目、中型卡车等市场中无法跻身销量前三，被竞争对手远远超越；现在只能凭借当年在新能源领域的战略布局占据镍氢电池市场 50%的市场份额，成为国家新能源汽车的主要动力供应商。

从春兰集团的例子中可以看出，中国企业对于主营业务所处的行业进行自我诊断是很有必要的，行业的发展潜力、技术进步速度和潜在替代产品等都是是否进行多元化战略的考虑因素。发展与主营业务不相关的产业，能够在一定程度上抵御原来产业隐藏的危机；然而，盲目进行多元化，尤其是价值链和资源储备与原有业务不相关的多元化战略，则容易对企业的主营业务发展和资金链造成威胁。因此，中国企业在多元化发展时，从融资成本的角度，必须找到多元化战略水平的拐点位置，选择最优的多元化水平。

第二，企业在实行多元化战略时，究竟采用相关多元化战略还是非相关多元化战略，需要进行谨慎的选择。企业原则上可以自由选择相关多元化战略或不相关多元化战略。选择相关多元化战略可以实现较低的资源整合成本，然而各个多元化部门之间的利益有很强的相关性，这对于企业债券融资的违约风险而言是一把“双刃剑”。同样地，选择非相关多元化战略的企业，在资源整合上有很大的难度和时滞性，却可以避免相关产业联动危机带来的灭顶之灾，对于企业违约风险也有复杂的影响。因此，在面临多元化战略选择时，企业可以考虑相关多元化战略和非相关多元化战略的组合，在不同的时点和环境中，选择两种多元化战略的不同权重，设法将企业的违约风险和债券融资成本保持在较低的水平。

第三，由于实行多元化战略的国有企业和非国有企业在债券融资成本上存在较大差异，所以中国企业未必遵循欧美企业的多元化发展轨迹。在经历金融危机之后的恢复期，在塑造竞争优势、增加抵抗危机与风险的能力方面，究竟多元化战略还是专业化战略更加有效，引起了理论界和实务界的深思。西方国家先后经历了专业化战略到多元化战略扩张再到去多元化的战略回归，其转折点就在于很多西方企业不仅未从多元化中获得资源协同优势，反而主营业务精力受到牵制、其他业务未能脱颖而出，遭遇了多元化战略的失败。因此，企业是否应该实行多元化战略，如何实施多元化战略才能获得成功，对于理论界和实务界来说都非常重要。

对于欧美企业来说，多元化战略并没有帮助他们渡过金融危机的难关，还使他们遭遇了财务困境乃至破产，因此专业化战略的呼声越来越高。对于我国是否需要追随欧美企业的专业化步伐，很多研究者的观点相异。笔者认为，中国企业情况比较特殊，国有企业在经济中的地位超然，拥有政府信用背书，而非国有企业则相对弱势。实行多元化战略的国有企业的债券融资成本普遍较低，表现在信用利差小、信用评级高；而实行多元化战略的非国有企业的债券融资成本则普遍较高。在同样选择多元化战略的情况下，国有企业受到的影响更小。由于国有企业在中国国民经济中发挥支柱作用，而且国有企业债券融资规模在所有债券融资中所占比重也较高，所以个人投资者和机构投资者感知到的企业因实施多元化战略而导致违约风险的可能性较低，实施多元化战略的一部分企业仍然能够保持较低的融资成本，因此，中国企业未必会出现普遍“归核化”发展的大浪潮。

6.4 局限性

由于进行研究时的时间、条件所限，本项研究还存在以下三个方面的局限性，有待今后的研究进一步完善：

第一，数据样本的局限性。由于数据收集的时间和条件所限，本书建立的企业多元化特征和债券特征的数据库只包含了有限的指标。同时，从理论上说，我国的企业更多是在不完善的市场经济环境中发展起来的，不具有完备的市场条件的支撑，因此，制度条件指标未考虑在内也是一种缺失。

第二，变量测量的局限性。由于收集数据并对数据进行人工筛选和摘录的工作非常艰巨，因此，本书并未对违约风险的类型进行详细划分，而是统一用企业现金流与债务比例的标准差表示。实际上，可以根据违约风险的来源进行进一步的探索，对违约风险类型进一步划分，以得出更多具体的结论。本书的部分假设没有得到支持也与违约风险的分类不够细致有关系。

第三，研究方法的局限性。除了研究三种多元化战略水平对企业的影响，还可以探究不同多元化战略的组合在企业中发挥的作用。在企业中，往往存在不止一种多元化战略，在单独研究某种多元化战略的同时也需要分析多元化战略组合的作用。由于回归分析方法所限，本书无法进一步研究哪些多元化战略组合能够引致较低的信用利差和较高的信用评级，在这方面还需要引入新的方法不断完善。

6.5 未来研究方向

在本书的研究基础上，未来的研究可以从以下三个方面丰富本书的结论和发现：

第一，对于本书的样本局限性问题，后续研究可以利用全部A股样本企业的数据，尝试收集更多企业在更多年份的多元化战略、债券融资成本和违约风险信息，形成更大的面板数据样本，来继续探索本书的研究主题。同时，由于产权性质对企业多元化经营和债券融资的影响较为复杂，未来的研究可以从政府信用背书、政府投资参与或政企联系等方面进一步收集数据，构建更为完整和有深度的模型进行检验。

第二，对于当前中国企业较为流行的多元化战略，本书的刻画和测量还比较粗糙，仅仅考察了各种主要的多元化战略指标，包括整体多元化战略水平、相关多元化战略水平和非相关多元化战略水平，并未考虑各种类型的多元化战略所代表的经济资源、政治联系、社会资本等深层次因素，因此，未来的研究可以丰富本书的测量指标，使多元化战略的内涵、在企业内部发挥的作用、对企业其他方面的影响指标更加具象化。

第三，未来的研究可以探索多元化战略和不同类型融资成本之间更为复杂的关系。例如，多元化战略在企业中的不足和过度执行可能都会对融资成本产生负面影响，那么在不同的多元化战略水平上，应该选择股权融资还是债券融资呢？股权和债券融资应该是何种选择顺序呢？如果再考虑自有资金和银行贷款呢？有没有可以为企业融资进行指导的战略——财务模型呢？这些研究问题都值得未来的研究进行深入探索。

参考文献

［1］陈冬华，李真，新夫．产业政策与公司融资——来自中国的经验证据［C］．2010 中国会计与财务研究国际研讨会论文集，2010.

［2］陈建新，谭教千．知识管理：相关多元化战略企业的核心竞争力［J］．科技进步与对策，2003（21）：38-40.

［3］陈军泽，杨柳勇．国债市场的降息效应分析［J］．浙江大学学报（人文社会科学版），2000（3）：77 -81.

［4］陈莉，张卓．中国上市公司多元化战略及其系统风险研究［J］．企业经济，2005（2）：183-185.

［5］陈奇斌．尤金·法马与有效市场理论［J］．福建论坛（人文社会科学版）2014（1）：38-41.

［6］陈信元，黄俊．政府干预、多元化经营与公司业绩［J］．管理世界，2007（1）：92-97.

［7］陈云贤．中国特色社会主义市场经济：有为政府+有效市场［J］．经济研究，2019（1）：4-19.

［8］池国华，王志，杨金．EVA 考核提升了信用利差吗？——来自中国国有上市公司的经验证据［J］．会计研究，2013（11）：60-66.

［9］《党的十九大报告辅导读本》编写组．党的十九大报告辅导读本［M］．北京：人民出版社，2017.

［10］邓可斌，陈好衍．所有权性质、多元化经营与现金持有［J］．经济经纬，2012（4）：95-99.

[11] 邓新明．我国民营企业政治关联、多元化战略与公司绩效［J］．南开管理评论，2011（4）：4-15.

[12] 丁志国，苏治．基于市场摩擦的广义有效市场假说［J］．吉林大学社会科学学报，2009（6）：63-71.

[13] 高强，邹恒甫．企业债券与公司债券的信息有效性实证研究［J］．金融研究，2010（7）：99-117.

[14] 耿黎．农业上市公司多元化经营对权益资本成本影响的研究［J］．农业经济，2016（6）：124-126.

[15] 韩鹏飞，胡奕明．政府隐性担保一定能降低债券的融资成本吗？——关于国有企业和地方融资平台债券的实证研究［J］．金融研究，2015（3）：116-130.

[16] 郝敬鑫，徐彪，张珣．区域背景影响企业绩效研究——基于工业制造企业绩效的方差成分分析［J］．华东经济管理，2010（11）：59-64.

[17] 何平，金梦．信用评级在中国债券市场的影响力［J］．金融研究，2010（4）：15-28.

[18] 胡金焱，郭峰．有效市场理论论争与中国资本市场实践——2013年度诺贝尔经济学奖获奖成就实证检验［J］．经济学动态，2013（12）：114-121.

[19] 贾良定，张君君，钱海燕，等．企业多元化的动机、时机和产业选择——西方理论和中国企业认识的异同研究［J］．管理世界，2005（8）：94-104.

[20] 姜付秀，陆正飞．多元化与资本成本的关系——来自中国股票市场的证据［J］．会计研究，2006（6）：48-55.

[21] 金浩，张俊丽，李国栋．企业政治关联变化与多元化战略转型绩效关系实证研究［J］．现代管理科学，2016（4）：96-98.

[22] 金晓斌，陈代云．公司特质、市场激励与上市公司多元化经营［J］．经济研究，2002（9）：67-73.

[23] 康荣平，柯银斌．多元化经营的战略类型 [J]. 企业改革与管理，1999 (5)：24-25.

[24] 兰卫国，张永安，杨丽．企业多元化战略与目标行业选择研究 [J]. 软科学，2009 (4)：7-12.

[25] 黎文靖，李耀淘．产业政策激励了公司投资吗 [J]. 中国工业经济，2014 (5)：122-134.

[26] 黎文靖，郑曼妮．实质性创新还是策略性创新？——宏观产业政策对微观企业创新的影响 [J]. 经济研究，2016 (4)：60-73.

[27] 李冬妍，张雯，于富生，等．我国企业多元化经营与降低企业风险研究——来自我国上市公司的经验证据 [J]. 河北经贸大学学报，2009 (2)：67-73.

[28] 李季鹏．企业多元化战略竞争优势和经营风险分析 [J]. 区域经济评论，2008 (7)：12-13.

[29] 李建德．站在科斯的肩膀上——贺科斯百年华诞 [J]. 制度经济学研究，2011 (1)：359-378.

[30] 李贤平，江明波，刘七生．国债市场有效性的初步探讨 [J]. 统计研究，2000 (7)：32-38.

[31] 李志辉，李梦雨．我国商业银行多元化经营与绩效的关系——基于 50 家商业银行 2005—2012 年的面板数据分析 [J]. 南开经济研究，2014 (1)：74-86.

[32] 廖义刚．环境不确定性、多元化经营与权益资本成本 [J]. 财经理论与实践，2015 (1)：78-83.

[33] 林采宜，张超．中国的信用利差为什么这么高？[J]. 新金融评论，2015 (1)：149-161.

[34] 林毅夫．发展战略与经济发展 [M]. 北京：北京大学出版社，2004.

[35] 林钟高，郑军，卜继栓．环境不确定性、多元化经营与资本成

本［J］. 会计研究，2015（2）：36-43.

［36］刘冰，符正平，邱兵．冗余资源、企业网络位置与多元化战略［J］. 管理学报，2011（12）：1792-1801.

［37］刘东，张震，汪默．被调节的中介和被中介的调节：理论构建与模型检验［C］. 见：陈晓萍，徐淑英，樊景立．组织与管理研究的实证方法（第二版）［M］. 北京：北京大学出版社，2012.

［38］刘琼，邓亚中．基于资源基础理论的企业多元化理论现状与展望［J］. 云南财经大学学报，2015（2）：82-89.

［39］刘星，吴先聪．机构投资者异质性、企业产权与公司绩效——基于股权分置改革前后的比较分析［J］. 中国管理科学，2011（5）：182-192.

［40］卢闯，刘俊勇，孙健，等．控股股东掏空动机与多元化的盈余波动效应［J］. 南开管理评论，2011（5）：68-73.

［41］［德］卡尔·马克思，中共中央马克思恩格斯列宁斯大林著作编译局，译．资本论（1-3）［M］. 北京：人民出版社，2004.

［42］梅波．制度环境、行业周期效应与控制权和现金流权［J］. 经济与管理，2013（5）：66-74.

［43］芮明杰．对企业多元化发展战略的再认识［J］. 中国工业经济，1998（11）：50-52.

［44］时文朝．增强透明度对我国银行间债券市场信息效率的影响——以交易信息对流动性的影响为例［J］. 金融研究，2009（12）：99-108.

［45］孙俊华，刘海建．多元化战略测量方法论及其在中国情境下的应用研究［J］. 科学学与科学技术管理，2008（1）：33-41.

［46］孙铮，刘凤委，李增泉．市场化程度、政府干预与企业债务期限结构——来自我国上市公司的经验证据［J］. 经济研究，2005（5）：52-63.

［47］唐国平，黄帅．有效市场：假说还是理论——基于现有研究成果的述评与展望［J］. 湖北社会科学，2015（10）：97-103.

［48］汤亮．公开信息与国债市场价格的发现过程——基于中国的经

验实证分析［J］. 南开经济研究，2005（5）：23-28.

［49］唐一禾，张波．有效市场理论综述［J］. 社会科学家，2005（S1）：285-286.

［50］汪丁丁．从“交易费用”到博弈均衡［J］. 经济研究，1995（9）：72-80.

［51］王芳．我国债券市场信息披露的现状、问题与对策［J］. 证券市场导报，2013（2）：66-73。

［52］王亮，彭青峰，黄荣顺．多元化速度与企业风险短期关联研究——基于中国制造业上市公司数据的研究［J］. 财贸研究，2009（2）：101-106.

［53］王雄元，张春强．声誉机制、信用评级与中期票据融资成本［J］. 金融研究，2013（8）：150-164.

［54］王茵田，文志瑛．银行间和交易所债券市场信息溢出效应研究［J］. 财经问题研究，2012（1）：60-67.

［55］魏锋，孙晓铎．多元化经营对公司风险的影响分析［J］. 证券市场导报，2008（6）：63-68.

［56］温忠麟，刘红云，侯杰泰．调节效应和中介效应分析［M］. 北京：教育科学出版社，2012.

［57］温忠麟，侯杰泰，张雷．调节效应与中介效应的比较和应用［J］. 心理学报，2005（2）：268-274.

［58］温忠麟，叶宝娟．有调节的中介模型检验方法：竞争还是替补？［J］. 心理学报，2014（5）：714-726.

［59］温忠麟，张雷，侯杰泰．有中介的调节变量和有调节的中介变量［J］. 心理学报，2006（38）：448-452.

［60］吴国鼎，张会丽．多元化经营是否降低了企业的财务风险？——来自中国上市公司的经验证据［J］. 中央财经大学学报，2015（8）：94-101.

［61］吴昊旻，王杰，买生．多元化经营、银行信贷与商业信用提

供——兼论融资约束与经济周期的影响［J］. 管理评论，2017（10）：223-233.

［62］吴联生. 国有股权、税收优惠与公司税负［J］. 经济研究，2009（10）：109-120.

［63］吴文静. 中国制造业企业的多元化战略与融资策略研究——基于信息不对称视角［J］. 中国管理信息化，2010（6）：47-50.

［64］辛子波，张日新. 地方政府干预地方银行行为分析［J］. 财经问题研究，2001（12）：29-31.

［65］徐荟竹，李文伟. 中国债券市场分割与信息有效性研究——基于跨市场债券的实证分析［J］. 投资研究，2018（5）：48-56.

［66］薛有志. 周杰. 产品多元化、国际化与公司绩效——来自中国制造业上市公司的经验证据［J］. 南开管理评论，2007（3）：77-86.

［67］杨晔，杨大楷，王鹏，2014 中国投资发展报告［M］. 上海：上海财经大学出版社，2014.

［68］姚俊，吕源，蓝海林. 我国上市公司多元化与经济绩效关系的实证研究［J］. 管理世界，2004（11）：119-125.

［69］殷瑾，周英超. 制度因素是否影响公司多元化战略？——基于上市公司面板数据的实证研究［J］. 中国软科学，2010（2）：371-380.

［70］《中国人民银行信用评级管理指导意见》（银发〔2006〕95 号），2006 年 3 月 29 日起生效。

［71］于晓宇. 企业违约风险决策的决定因素——基于区域文化的视角［J］. 科技进步与对策，2011（18）：69-74.

［72］喻缨，霍国庆. 中国制造业企业非相关多元化经营绩效的实证研究［J］. 科学学与科学技术管理，2007（5）：117-121.

［73］余颖，陈琦伟. 行业集中度与公司控制权市场效率［J］. 当代经济科学，2001（2）：7-10.

［74］［美］约翰·康芒斯. 制度经济学［M］. 于树生，译. 北京：商务印书馆，2014.

[75] 曾萍，邓腾智，宋铁波．制度环境、核心能力与中国民营企业成长 [C] //“中国管理思想与实践”学术研讨会暨中国企业管理研究会2011年年会，2011.

[76] 张兵，李晓明．中国股票市场的渐进有效性研究 [J]. 经济研究，2003 (1)：54-61.

[77] 张纯，高吟．多元化经营与企业经营业绩——基于代理问题的分析 [J]. 会计研究，2010 (9)：73-77.

[78] 张大勇．环境不确定性与多元化经营对资本成本的影响——基于长三角地区传统产业上市公司的实证研究 [J]. 西南民族大学学报（人文社会科学版），2016 (10)：117-123.

[79] 张广利，陈丰．制度成本的研究缘起、内涵及其影响因素 [J]. 浙江大学学报（人文社会科学版），2010 (2)：110-116.

[80] 张红，高帅，李维娜．中国房地产上市公司多元化与企业绩效关系 [J]. 清华大学学报（自然科学版），2015 (9)：977-983.

[81] 张建君，张闫龙．董事长—总经理的异质性、权力差距和融洽关系与组织绩效——来自上市公司的证据 [J]. 管理世界，2016 (1)：110-120.

[82] 张金华．以资源为基础的企业多元化战略 [J]. 现代管理科学，2004 (2)：56-57.

[83] 张敏，黄继承．政治关联、多元化与企业风险——来自我国证券市场的经验证据 [J]. 管理世界，2009 (7)：156-164.

[84] 张淑君．论信用等级对债券利差的解释作用 [J]. 现代财经—天津财经大学学报，2013 (1)：71-79.

[85] 张卫国，姜继良，罗军．基于企业资源的非相关多元化战略扩张研究 [J]. 科技进步与对策，2007 (6)：97-100.

[86] 张五常．廉价劳动力带来的全球性影响 [J]. 战略与管理，1996 (2)：28-31.

［87］ 张信东．我国可转换债券市场弱式效能的分析［J］．中国软科学，2005（3）：145-149.

［88］ 张雪莹，焦健．信息不对称与债券担保——基于中国债券市场的检验［J］．南方经济，2017（4）：53-70.

［89］ 中国人民银行武汉分行征信管理处课题组．我国债券信用评级与发行利率关系的实证分析［J］．征信，2013（7）：37-42.

［90］ 钟伟，宛圆渊．预算软约束和金融危机理论的微观建构［J］．经济研究，2001（8）：44-52.

［91］ 周宏，建蕾，李国平．企业社会责任与债券信用利差关系及其影响机制——基于沪深上市公司的实证研究［J］．会计研究，2016（5）：18-25.

［92］ 周瑜胜，宋光辉．公司控制权配置、行业竞争与研发投资强度［J］．科研管理，2016（21）：122-131.

［93］ 朱延福．科斯的交易费用理论与马克思的流通费用理论比较研究［J］．中南财经政法大学学报，1996（3）：1-6.

［94］ 邹国庆，倪昌红．经济转型中的组织冗余与企业绩效：制度环境的调节作用［J］．中国工业经济，2010（11）：120-129.

［95］ Ahmed A. S., Billings B. K., Morton R. M. et al. The role of accounting conservatism in mitigating bondholder - shareholder conflicts over dividend policy and in reducing debt costs［J］. The Accounting Review, 2002, 77（4）: 867-890.

［96］ Ahn S., Denis D. J, Denis D. K. Leverage and investment in diversified firms［J］. Journal of Financial Economics, 2006, 79（2）: 317-337.

［97］ Allen F., Gale D. Comparing financial systems［M］. Cambridge, MA: MIT press, 2000.

［98］ Amato J., Remolona E. The credit spread puzzle. BIS Quarterly Review, 2003,（12）: 51-63.

[99] Amihud Y., Lev B. Does corporate ownership structure affect its strategy towards diversification? [J]. Strategic Management Journal, 1999, 20 (11): 1063-1069.

[100] Amit R., Livnat J. Diversification strategies, business cycles and economic performance [J]. Strategic Management Journal, 1988, 9 (2): 99-110.

[101] Anderson J. E., Van Wincoop E. Trade costs [J]. Journal of Economic Literature, 2004, 42 (3): 691-751.

[102] Anderson R. C., Reeb D. M. Founding-family ownership and firm performance: evidence from the S&P 500 [J]. Journal of Finance, 2003, 58 (3): 1301-1328.

[103] Ansoff H. I. Strategies for diversification [J]. Harvard Business Review, 1957, 35 (5): 113- 124.

[104] Ansoff H. I. A model for diversification [J]. Management Science, 1958, 4 (4): 392-414.

[105] Ansoff H. I. Corporate strategy: An analytic approach to business policy for growth and expansion [M]. New York, NY: McGraw-Hill, 1965.

[106] Arrow K. J. The organization of economic activity: Issues pertinent to the choice of market versus nonmarket allocation [J]. The Analysis and Evaluation of Public Expenditure: The PPB System, 1969, 1: 59-73.

[107] Asli M. C., Takashi H. Changing economic environments, evolving diversification strategies, and differing financial performance: Japan' s largest textile firms, 1970-2001 [J]. Industrial and Corporate Change, 2005, 14 (6): 897-940.

[108] Barney J. B. Is the resource-based "view" a useful perspective for strategic management research? Yes [J]. Academy of Management Review, 2001, 26 (1): 41-56.

[109] Barney J. B. Resource-based theories of competitive advantage: A ten-year retrospective on the resource-based view [J]. Journal of Management, 2001, 27 (6): 643-650.

[110] Barney J. B. Firm resources and sustained competitive advantage [J]. Journal of Management, 1991, 17 (1): 99-120.

[111] Baron R. M., Kenny D. A. The moderator-mediator variable distinction in social psychological research: Conceptual, strategic, and statistical considerations [J]. Journal of Personality and Social Psychology, 1986, 51 (6): 1173-1182.

[112] Barton S. L., Gordon P. J. Corporate strategy and capital structure [J]. Strategic Management Journal, 1988, 9 (6): 623-632.

[113] Barton S. L. Diversification strategy and systematic risk: Another look [J]. Academy of Management Journal, 1988, 31 (1): 166-175.

[114] Barzel Y. Economic analysis of property rights [M]. Cambridge, UK: Cambridge University Press, 1997.

[115] Berger P. G., Ofek E. Diversification's effect on firm value [J]. Journal of Financial Economics, 1995, 37 (1): 39-65.

[116] Berger P., Ofek E., Yermack D. L. Managerial entrenchment and capital structure decisions [J]. Journal of Finance, 1997, 52 (4): 141 1-1438.

[117] Bergh D. D., Lawless M. W. Portfolio restructuring and limits to hierarchical governance: The effects of environmental uncertainty and diversification strategy [J]. Organization Science, 1998, 9 (1): 87-102.

[118] Berlin M., Loeys J. Bond covenants and delegated monitoring [J]. Journal of Finance, 1988, 43 (2): 397-412.

[119] Berry C. H. Corporate growth and diversification [J]. Journal of Law and Economics, 1971, 14 (2): 371-383.

[120] Bettis R. A., Hall W. K. Diversification strategy, accounting determined risk, and accounting determined return [J]. Academy of Management Journal, 1982, 25 (2): 254-264.

[121] Black F., Scholes M. The pricing of options and corporate liabilities [J]. Journal of Political Economy, 1973, 81 (3): 637-654.

[122] Booth J. R., Smith R. L. Capital raising, underwriting and the certification hypothesis [J]. Journal of Financial Economics, 1986, 15 (1-2): 261-181.

[123] Boyd B. K., Gove S., Hitt M. A. Consequences of measurement problems in strategic management research: The case of Amihud and Lev [J]. Strategic Management Journal, 2005, 26 (4): 367-375.

[124] Boyd J. H., Prescott E. C. Financial intermediary-coalitions [J]. Staff Report, 1985, 38 (2): 211-232.

[125] Brander J. A., Lewis T. R. Oligopoly and financial structure: The limited liability effect [J]. The American Economic Review, 1986, 76 (5): 956-970.

[126] Campa J. M., Kedia S. Explaining the diversification discount [J]. Journal of Finance, 2002, 57 (4): 1731-1762.

[127] Campello M., Graham J. R., Harvey C. R. The real effects of financial constraints: Evidence from a financial crisis [J]. Journal of Financial Economics, 2010, 97 (3): 470-487.

[128] Chandler A. D. Strategy and structure: Chapters in the History of Industrial Enterprise [M]. Cambridge, MA: MIT Press, 1962.

[129] Caves R. E. Diversification and seller concentration: Evidence from changes, 1963-1972 [J]. Review of Economics & Statistics, 1981, 63 (2): 289-293.

[130] Chatterjee S., Singh J. Are tradeoffs inherent in diversification moves? A simultaneous model for type of diversification and mode of expansion

decisions [J]. Management Science, 1999, 45 (1): 25-41.

[131] Chatterjee S., Wernerfelt B. The link between resources and type of diversification: Theory and evidence [J]. Strategic Management Journal, 1991, 12 (1): 33-48.

[132] Chemmanur T. J., Fulghieri P. Investment bank reputation, information production, and financial intermediation [J]. Journal of Finance, 1994, 49 (1): 57-79.

[133] Chen R. R., Fabozzi F. J., Sverdlove R. Corporate credit default swap liquidity and its implications for corporate bond spreads [J]. The Journal of Fixed Income, 2010, 20 (2): 31-57.

[134] Christensen H. K., Montgomery C. A. Corporate economic performance: Diversification strategy versus market structure [J]. Strategic Management Journal, 1981, 2 (4): 327-343.

[135] Coase R. H. The nature of the firm [J]. Economica, 1937, 4 (16): 386-405.

[136] Collin-Dufresne P., Goldstein R. S., Martin J. S. The determinants of credit spread changes [J]. Journal of Finance, 2001, 56 (6): 2177-2207.

[137] Cull R., Xu L. C. Who gets credit? The behavior of bureaucrats and state banks in allocating credit to Chinese state-owned enterprises [J]. Journal of Development Economics, 2003, 71 (2): 533-559.

[138] Daft R. L. Learning the craft of organizational research [J]. Academy of Management Review, 1983, 8 (4): 539-546.

[139] Delmar F., Wiklund J. The effect of small business managers' growth motivation on firm growth: A longitudinal study [J]. Entrepreneurship Theory & Practice, 2008, 32 (3): 437-457.

[140] Denis D. J., Mihov V. T. The choice among bank debt, non-bank

private debt, and public debt: Evidence from new corporate borrowings [J]. Journal of Financial Economics, 2003, 70 (1): 3-28.

[141] Dewatriponi. Credit and efficiency in centralized and decentralized economies [J]. Review of Economic Studies, 1995, 62 (4): 357-371.

[142] Diamond D. W. Monitoring and reputation: The choice between bank loans and directly placed debt [J]. Journal of Political Economy, 1991, 99 (4): 689-721.

[143] Diamond D. Financial intermediation and delegated monitoring [J]. Review of Economic Studies, 1984, 51 (3): 393-414.

[144] Duffie D., Singleton K. J. An econometric model of the term structure of interest-rate swap yields [J]. Journal of Finance, 1997, 52 (4): 1287-1321.

[145] Duncan R. B. Characteristics of organizational environments and perceived environmental uncertainty [J]. Administrative Science Quarterly, 1972, 17 (3): 313-327.

[146] Edwards J., Lambert L. Methods for integrating moderation and mediation: a general analytical framework using moderated path analysis [J]. Psychological Methods, 2007, 12 (1): 1- 22.

[147] Elizabth L. N., Shobha S. D., Amit D. Diversification strategy, capital structural, and the Asian financial crisis (1997-1998): Evidence from Singapore firms [J]. Strategic Management Journal, 2009, 30 (6): 577-594.

[148] Elton E. J., Gruber M. J., Agrawal D. et al. Explaining the rate spread on corporate bonds [J]. Journal of Finance, 2001, 56 (1): 24 7-277.

[149] Elton E. J., Gruber M. J., Blake C. R. A first look at the accuracy of the CRSP mutual fund database and a comparison of the CRSP and Morningstar mutual fund databases [J]. Journal of Finance, 2001, 56 (6): 2415-2430.

[150] Faccio M., Masulis R. W., McConnell J. Political connections and

corporate bailouts [J]. Journal of Finance, 2006, 61 (6): 2597-2635.

[151] Fama E. F. Random walks in stock market prices [J]. Journal of Business, 1965 (1): 34 -105.

[152] Fama E. F. Efficient capital markets: A review of theory and empirical work [J]. Journal of Finance, 1970, 25 (2) : 383-417.

[153] Fama E. F. What' s different about banks? [J]. The Journal of Monetary Economics, 1985, 15 (1): 29-39.

[154] Fan J. P. H. , Huang J. , Oberholzer-Gee F. , et al. Diversification of Chinese companies: An international comparison. Chinese Management Studies, 2008, 2 (1): 1-10.

[155] Freixas X. , Rochet J. C. Microeconomics of banking [M]. Cambridge, MA: MIT Press, 1997.

[156] Fritz M. S. , MacKinnon D. P. Required sample size to detect the mediated effect [J]. Psychological Science, 2007, 18 (3): 233-239.

[157] Geske R. L. , Delianedis G. The components of corporate credit spreads: Default [C] . Default, Recovery, Tax, Jumps, Liquidity, & Market Factors, Working Paper, UCLA, 2001.

[158] Giesecke K. , Longstaff F. A. , Schaefer S. , et al. Corporate bond default risk: A 150 - year perspective [J]. Journal of Financial Economics, 2011, 102 (2): 233-250.

[159] Gort M. Diversification andintegration in American industry [M]. Princeton, NJ: Princeton University Press, 1962.

[160] Gribbin J. D. The conglomerate merger [J]. Applied Economics, 1976, 8 (1): 19-35.

[161] Grossman S. J. , Hart O. D. Corporate financial structure and managerial incentives [A]. In: The economics of information and uncertainty [M]. Chicago, IL: University of Chicago Press, 1982.

[162] Hadlock C. J. , Ryngaert M. , Thomas S. Corporate structure and equity offerings: are there benefits to diversification? [J]. The Journal of Business, 2001, 74 (4): 613-635.

[163] Hart O. , Moore J. Default and renegotiation: A dynamic model of debt [J]. The Quarterly Journal of Economics, 1998, 113 (1): 1-41.

[164] Heinke V. G. Credit spread volatility, bond ratings and the risk reduction effect of watchlistings [J]. International Journal of Finance & Economics, 2006, 11 (4): 293-303.

[165] Hillman A. J. , Keim G. D. , Schuler D. Corporate political activity: A Review and research agenda [J]. Journal of Management, 2004, 30 (6): 837-857.

[166] Hilscher J. , Wilson M. Credit ratings and credit risk: Is one enough [J]. Working paper, 2013.

[167] Holmström B. , Tirole J. Market liquidity and performance monitoring [J]. Journal of Political Economy, 1993, 101 (4): 678-709.

[168] Hoshi T. , Kashyap A. , Scharfstein D. The choice between public and private debt: An analysis of post-deregulation corporate financing in Japan [R]. Cambridge, MA: National Bureau of Economic Research, 1993.

[169] Hoskisson R. E. , Hitt M. A. , Johnson R. A. , et al. Construct validity of an objective (entropy) categorical measure of diversification strategy [J]. Strategic Management Journal, 2010, 14 (3): 215-235.

[170] Hoskisson R. E. , Turk T. A. Corporate restructuring: Governance and control limits of the internal capital market [J]. Academy of Management Review, 1990, 15 (3): 459-477.

[171] Huberman G. , Kahn C. M. Strategic renegotiation [J]. Economics Letters, 1988, 28 (2): 117-121.

[172] Hyland D. C. , Diltz J. D. Why firms diversify: An empirical ex-

amination [J]. Financial Management, 2002: 51-81.

[173] Jacks D. S., Meissner C. M., Novy D. Trade Costs, 1870-2000 [J]. American Economic Review, 2008, 98 (2): 529-34.

[174] Jacquemin A., Berry C. Entropy measure of diversification and corporate growth [J]. Journal of Industrial Economics, 1979, 27 (4): 359- 369.

[175] Jarrow R. A., Turnbull S. M. Pricing derivatives on financial securities subject to credit risk [J]. Journal of Finance, 1995, 50 (1): 53-85.

[176] Jensen M. C., Meckling W. H. Theory of the firm: Managerial behavior, agency costs and ownership structure [J]. Journal of Financial Economics, 1976, 3 (4): 305-360.

[177] Jensen M. C. Agency costs of free cash flow, corporate finance, and takeovers [J]. The American Economic Review, 1986, 76 (2): 323-329.

[178] Kisgen D. J., Strahan P. E. Do regulations based on credit ratings affect a firm' s cost of capital? [J]. Review of Financial Studies, 2010, 23 (12): 4324-4347.

[179] Kliger D., Sarig O. The information value of bond ratings [J]. Journal of Finance, 2000, 55 (6): 2879-2902.

[180] Kochhar R., Hitt M. A. Linking corporate strategy to capital structure: Diversification strategy, type and source of financing [J]. Strategic Management Journal, 1998, 19 (6): 601-610.

[181] Kovbasyuk S. Seller-Paid ratings [J]. Social Science Electronic Publishing, 2013 (11): 1-36.

[182] Lamont O. A., Polk C. Does diversification destroy value? Evidence from the industry shocks [J]. Journal of Financial Economics, 2002, 63 (1): 51-77.

[183] Lamont O. A., Polk C. The diversification discount: Cash flows

versus returns [J]. Journal of Finance, 2001, 56 (5): 1693-1721.

[184] La Porta R., Lopez-de-Silanes F., Shleifer A., et al. The quality of government [J]. The Journal of Law, Economics, and Organization, 1999, 15 (1): 222-279.

[185] Larry L., Stulz R., Walkling R. A test of the free cash flow hypothesis: The case of bidder return [J]. Journal of Financial Economics, 1991, 29 (2): 137-154.

[186] Leland H., Pyle D. Informational asymmetries, financial structure, and financial intermediation [J]. Journal of Finance, 1977, 32 (2): 371-384.

[187] Leonard-Barton D. Wellsprings of knowledge: Building and sustaining the sources of innovation [M]. Boston, MA: Harvard Business Review Press, 1998.

[188] Lewellen W. G. A pure financial rationale for the conglomerate merger [J]. Journal of Finance, 1971, 26 (2): 521-537.

[189] Lin J. Y., Tan G. Policy burdens, accountability, and the soft budget constraint [J]. American Economic Review, 1999, 89 (2): 426-431.

[190] Longstaff F. A., Mithal S., Neis E. Corporate yield spreads: Default risk or liquidity? New evidence from the credit default swap market [J]. Journal of Finance, 2005, 60 (5): 2213-2253.

[191] Longstaff F. A., Schwartz E. S. A simple approach to valuing risky fixed and floating rate debt [J]. Journal of Finance, 1995, 50 (3): 789-819.

[192] Loury G. C. Discrimination in the post-civil rights era: Beyond market interactions [J]. Journal of Economic Perspectives, 1998, 12 (2): 117-126.

[193] Lubatkin M., Chatterjee S. Extending modern portfolio theory into the domain of corporate diversification: does it apply? [J]. Academy of Manage-

ment Journal, 1994, 37 (1): 109-136.

[194] Mansi S. A., Reeb D. M. Corporate diversification: What gets discounted? [J]. Journal of Finance, 2002, 57 (5): 2167-2183.

[195] Markides C. C. Diversification, restructuring and economic performance [J]. Strategic Management Journal, 1995, 16 (2): 101-118.

[196] Markowitz H. Portfolio selection [J]. Journal of Finance, 1952, 7 (1): 77-91.

[197] McVey J. S. The industry diversification of multi-establishment manufacturing firms: A developmental study [J]. Canadian Statistical Review, 1972, 47 (4): 112-117.

[198] Merton R. C. On the pricing of corporate debt: The risk structure of interest rates [J]. Journal of Finance, 1974, 29 (2): 449-470.

[199] Merton R. C. Theory of rational option pricing [J]. Bell Journal of Economics, 1973, 4 (1): 141-183.

[200] Montgomery C. A., Singh H. Diversification strategy and systematic risk [J]. Strategic Management Journal, 1984, 5 (2): 181-191.

[201] Montgomery C. A., Corporate diversification [J]. The Journal of Economic Perspectives, 1994, 8 (3): 163-178.

[202] Myers S. C., Majluf N. S. Corporate financing and investment decisions when firms have information that investors do not have [J]. Social Science Electronic Publishing, 1984, 13 (2): 187-221.

[203] Nonaka I., Konno N. The concept of "ba": Building a foundation for knowledge creation [J]. California management Review, 1998, 40 (3): 40-54.

[204] Ntzoufras I. Bayesian modeling using WinBUGS [M]. Hoboken, NJ: Wiley, 2009.

[205] Palich L. E., Cardinal L. B., Miller C. C. Curvilinearity in the

diversification - performance linkage: An examination of over three decades of research [J]. Strategic management Journal, 2000, 21 (2): 155-174.

[206] Palepu K. Diversification strategy, profit performance and the entropy measure [J]. Strategic Management Journal, 1985, 6 (3): 239-255.

[207] Peng J., Brucato P. F. An empirical analysis of market and institutional mechanisms for alleviating information asymmetry in the municipal bond market [J]. Journal of Economics & Finance, 2004, 28 (2): 226-238.

[208] Penrose E. T. The theory of the growth of the firm [M]. Oxford, UK: Oxford University Press, 2009.

[209] Peteraf M. A. The cornerstones of competitive advantage: A resourc e-based view [J]. Strategic Management Journal, 1993, 14 (3): 179-191.

[210] Porter M. Competitive strategy [M]. New York, NY: Free Press, 1980.

[211] Preacher K. J., Rucker D. D., Hayes A. F. Addressing moderated mediation hypotheses: Theory, methods and prescriptions [J]. Multivariate Behavioral Research, 2007, 42 (1): 185-227.

[212] Qian Y., Roland G. Federalism and the soft budget constraint [J]. American Economic Review, 1998, 88 (5): 1143-1162.

[213] Rajan R., Servaes H., Zingales L. The cost of diversity: The diversification discount and inefficient investment [J]. Journal of Finance, 2000, 55 (1): 35-80.

[214] Rucker D. D., Preacher K. J., Tormala Z. L., Petty R. E. Mediation analysis in social psychology: Current practices and new recommendations [J]. Social and Personality Psychology Compass, 2011, 5 (6): 359-371.

[215] Rumelt R. P. Strategy, structure, and economic performance [M]. Boston, MA: Harvard University Press, 1975.

[216] Rumelt R. P. Diversification strategy and profitability [J].

Strategic Management Journal, 2010, 3 (4): 359-369.

[217] Schumacker R. E., Marcoulides G. A. Interaction and nonlinear effects in structural equation modeling [M]. New York, NJ: Lawrence Erlbaum Associates, 1998.

[218] Servaes H. The value of diversification during the conglomerate merger wave [J]. Journal of Finance, 1996, 51 (4): 1201-1225.

[219] Shen W., Cannella A. A. Revisiting the performance consequences of CEO succession: The impacts of successor type, postsuccession senior executive turnover and departing CEO tenure [J]. Academy of Management Journal, 2002, 45 (4) : 717-733.

[220] Shleifer A., Vishny R. W. Management entrenchment: The case of manager-specific investments [J]. Journal of Financial Economics, 1989, 25 (1): 123-139.

[221] Shleifer A. Vishny R. W. A survey of corporate governance [J]. Journal of Finance, 1997, 52 (2): 737-783.

[222] Sobel M. E. Asymptotic confidence intervals for indirect effects in structural equation models [A]. In S. Leinhardt (Ed.), Sociological methodology [M]. Washington, DC: American Sociological Association, 1982.

[223] Stulz R. M, Lang L. H. P. Tobin' s q, corporate diversification and firm performance [M]. Journal of Political Economy, 1994 (6): 1248-1280.

[224] Stulz R. M. Managerial discretion and optimal financing policies [J]. Journal of Financial Economics, 1990, 26 (1): 3-27.

[225] Subramanian R., Sachdeva C., Morris S. FDI outflows from India: An examination of the underlying economics, policies, and their impacts [J]. Indian Insititute of Management Working paper, 2010, 3 (1): 1-96.

[226] Summers G. F., Noland T. R. The interest rate effects of certifica-

tion awards and underwriter types in the school district bond market [J]. Academy of Accounting & Financial Studies Journal, 2010, 14 (1): 63-81.

[227] Teece D. J. Towardsan economic theory of the multiproduct firm [J]. Journal of Economic Behavior and Organization, 1982, 3 (1): 39-63.

[228] Tong Z. Firm diversification and the value of corporate cash holdings [J]. Journal of Corporate Finance, 2011, 17 (3): 741-758.

[229] Wan W. P. Country resource environments, firm capabilities, and corporate diversification strategies [J]. Journal of Management Studies, 2005, 42 (1): 161-182.

[230] Wan W. P., Hoskisson R. E., Short J., et al. Resource-based theory and corporate diversification accomplishments and opportunities [J]. Journal of Management, 2011, 37 (5): 1335-1368.

[231] Wei Y. H. D. Beyond the GPN - New regionalism divide in China: Restructuring the clothing industry, remaking the Wenzhou model [J]. Geografiska Annaler, 2011, 93 (3): 237-251.

[232] Wernerfelt B. Montgomery C. A. Tobin' s q and the importance of focus in firm performance [J]. The American Economic Review, 1988, 78 (1): 246-250.

[233] Wernerfelt B. The resource-based view of the firm [J]. Strategic Management Journal, 1984, 5 (2): 171-180.

[234] Weston J. F. Diversification and merger trends [J]. Business Economics, 1970, 5 (1): 50-57.

[235] Wiersema M. F., Bowen H. P. Corporate diversification: The impact of foreign competition, industry globalization, and product diversification [J]. Strategic Management Journal, 2008, 29 (2): 115-132.

[236] Williamson O. E. Corporate finance and corporate governance [J]. The Journal of Finance, 1988, 43 (3): 567-591.